MARYFER CENTENO

EL LADO OSCURO de la MENTE HUMANA

Psicopatía, envidia, maldad y otros demonios: un análisis a través de la grafología y el lenguaje corporal

AGUILAR

El lado oscuro de la mente humana
Psicopatía, envidia, maldad y otros demonios:
un análisis a través de la grafología y el lenguaje corporal

Primera edición: febrero, 2024

Penguin Random House Grupo Editorial, S. A. de C. V.
Blvd. Miguel de Cervantes Saavedra núm. 301, 1er piso,
colonia Granada, alcaldía Miguel Hidalgo, C. P. 11520,
Ciudad de México

penguinlibros.com

ISBN: 978-607-384-076-7

Impreso en Colombia – *Printed in Colombia*

MARYFER CENTENO

EL LADO OSCURO de la MENTE HUMANA

Psicopatía, envidia, maldad y otros demonios:
un análisis a través de la grafología y el lenguaje corporal

AGUILAR

Índice

Introducción 9

PRIMERA PARTE: MALDAD Y CEREBRO

Capítulo 1: La neurología de la maldad 15

Capítulo 2: Asesinos en serie. 25

Capítulo 3: Dictadores 51

Capítulo 4: Crueldad y Cerebro 57

Capítulo 5: ¿Qué tan cruel eres? 63

Capítulo 6: Maltratadores de animales 67

SEGUNDA PARTE: MALDAD Y EMOCIONES

Capítulo 7: Envidia 75

Capítulo 8: Celos 79

Capítulo 9: Narcisismo 87

Capítulo 10: Depresión 95

Capítulo 11: Ansiedad 103

Capítulo 12: Ira 109

Capítulo 13: Síndrome del impostor 113

Capítulo 14: Heridas de la infancia 119

TERCERA PARTE: MALDAD Y MANIPULACIÓN

Capítulo 15: Las sectas 147

Capítulo 16: El contagio emocional 163

Capítulo 17: La manipulación mediática
en redes sociales 167

Capítulo 18: El poder del *like*. 181

Capítulo 19: Lenguaje corporal 187

Epílogo 195

Agradecimientos 201

Referencias 203

Introducción

Durante mucho tiempo pensé que bastaba con perfeccionarse como ser humano para sobrevivir al ambiente. Es decir, pensé que ser fuerte de forma mental era suficiente para afrontar una realidad y un entorno que tiene mucho de perverso.

Hoy me doy cuenta de que no es así.

La maldad existe. La violencia es un hecho social que se encuentra fuera y dentro de nosotros. Somos morbosos por naturaleza y nos gusta ver el mundo arder.

Empiezo escribiendo este libro porque creo que es necesario tener muy claro que, sin importar quiénes somos, debemos aprender a reconocer los peligros, las maldades y las asquerosidades que existen afuera, acechando, esperando tu más pequeño descuido, el más pequeño error, para aprovecharse y hacerte daño, incluso hacer carroña de ti.

Así es el mundo real, donde existe el mal también existe el bien. Hay que entrenar el ojo para que no te pase, para que lo veas y lo identifiques.

Psicopatía y grafología

La psicopatía es un trastorno de la personalidad caracterizado por un desprecio a los sentimientos y derechos de los demás y un comportamiento antisocial persistente. Es uno de los tipos más extremos de enfermedad mental y suele ser difícil de diagnosticar y tratar.

La grafología, el estudio científico de la escritura a mano, proporciona una herramienta única para comprender mejor este complejo trastorno, al aportar información sobre los procesos y rasgos psicológicos subyacentes de un individuo.

La grafología es una forma de evaluación psicológica, basada en gran medida en la interpretación de la escritura, para determinar o desarrollar rasgos de carácter, comportamiento y personalidad. Los grafólogos estudian la escritura para identificar rasgos como la agresividad, la impulsividad, los cambios de humor y la inestabilidad emocional, todos comunes entre las personas con psicopatía.

En la grafología, uno de los conceptos principales es el "Descriptor de Rasgos Psicopáticos" (DRP), una herramienta desarrollada por el Dr. Hugo Marietan. Utiliza la representación gráfica de la escritura de una persona (el tamaño, la forma y el espaciado de las letras) como medio para evaluar los rasgos y atributos de personalidad de un individuo.

Hace poco, la grafóloga Roxana Bidoglio utilizó el DRP para desarrollar un análisis profundo de la psicopatía en la escritura de una persona. Su innovador estudio exploró el potencial de la grafología y el DRP para revelar los rasgos subyacentes de un individuo con psicopatía, un área de investigación que, en gran medida, no se había explorado en el pasado.

No es de extrañar, por tanto, que los grafólogos estén explorando cada vez más las implicaciones de esta investigación para la evaluación de la psicopatía. En concreto, han observado que, a medida que progresa la psicopatía, la escritura de una persona tiende a volverse más rígida, lo que provoca una disminución en la curvatura de las letras. Esto se observa en la escritura de los individuos con trastorno antisocial; en ellos, la voluntad de cometer violaciones y despreciar los límites de las normas sociales se manifiesta en la falta de suavidad de su escritura.

Además, el estudio de la grafología también revela información sobre los estados emocionales de los individuos con psicopatía. Los grafólogos han observado que una de las principales características de alguien con este trastorno es la falta de empatía emocional, lo cual se refleja en su escritura.

Los individuos con psicopatía tienden a producir una escritura con líneas rectas, ligada, remarcada, con grandes espacios entre las letras. Este tipo de escritura refleja una incapacidad para sentir remordimientos o poseer algún tipo de comprensión de los estados emocionales de otros individuos.

Cuando la escritura refleja cierto nivel de uniformidad, revela falta de creatividad (un rasgo común en los individuos con psicopatía). Escribir de forma fija, rígida y uniforme demuestra una incapacidad para idear soluciones creativas y la tendencia a utilizar métodos probados en lugar de explorar nuevas opciones.

Por último, la grafología también se usa para medir la sostenibilidad o "estabilidad" de la psicopatía de una persona. Mediante el estudio de las variaciones en las letras y los trazos, los grafólogos identifican la capacidad para pensar a largo plazo y planificar en consecuencia. A menudo, la psicopatía se asocia con la impulsividad y la búsqueda de la gratificación inmediata, lo que dificulta que las personas tomen decisiones a largo plazo. La grafología ayuda a identificar este rasgo, así como a evaluar cualquier tendencia hacia la motivación y el autocontrol.

No existe un rasgo por sí solo que defina a un psicópata, pero es importante mencionar que el poder de manipulación, la capacidad de aparentar empatía sin sentirla y la actitud galante, son rasgos presentes en la mayoría de las personas con trastornos psicópatas.

El potencial de utilizar la grafología como herramienta para comprender y diagnosticar la psicopatía es prometedor. La grafología puede proporcionar información muy valiosa sobre los rasgos y características subyacentes de los individuos que padecen este trastorno y utilizarse para ayudar a diferenciar entre la psicopatía y otros tipos de enfermedades mentales. A medida que se explore más en el campo de la grafología, cabe esperar que se realicen más investigaciones sobre este prometedor tema.

Primera parte

MALDAD Y CEREBRO

CAPÍTULO 1
La neurología de la maldad

Adolf Tobeña en *Neurología de la maldad: Mentes predadoras y perversas*, habla sobre los malvados y el daño que dejan a su paso. Dice que hay gente queriendo lastimar o perjudicar. Esa es la huella primordial, lo que distingue y, quizá, la definición más importante de la maldad: la intención.

En los registros humanos, el primer ser al que se le consideró malo fue el diablo. Por supuesto tenemos a Caín y a Lilith (tan mal entendida), entre otros. De acuerdo con diferentes estudios, el villano peor evaluado es Hitler, después Saddam Hussein y Osama bin Laden.

Pero con las redes sociales, la maldad a través de la mente de tribu en estas luces y sombras del cerebro social (como decía Luis Aguado) nos deja muy claro que el pensamiento es contagioso. Es decir, no somos mejores que la Inquisición, no estamos buscando una causa por la cual luchar, sino quizá alguien a quien linchar.

¿Por qué? Pues porque cuando andamos en redes sociales y lo que abunda es odio, nos dan ganas de publicar, de responder.

Dentro del cerebro de tribu, el comentar una publicación nos ofrece dos cosas:

- La posibilidad de desahogarnos
- La posibilidad de pertenecer

Según la filósofa Hannah Arendt: "Cualquier ser humano, en determinadas circunstancias, podría realizar actos tremendamente malvados."

El análisis de la actividad neuronal de un conjunto de individuos ha demostrado que, cuando las personas están en grupo, son más propensas a realizar acciones que de forma individual les parecerían mal, incluso pueden lastimar a otras personas.

En la actualidad, esto quiere decir que somos más malos en grupo, ya que de forma individual tenemos mayor control moral. Pero nuestro cerebro, al ser eminentemente social, necesita vincularse con otros a través de las emociones de apego y pertenencia. Hay una irresistible tendencia afiliativa que caracteriza a los seres humanos. Además, el temor a la ruptura de los vínculos sociales ejerce una fuerte presión sobre nosotros, haciendo que nuestro cerebro se acople a la tribu.

Por otro lado, Gerhard Roth, conocido neurocientífico alemán, asegura haber encontrado el punto exacto del cerebro donde se origina el mal, una zona oscura que comparten asesinos, violadores y ladrones.

En este sentido, la neurociencia moderna (empeñada en exponer la naturaleza humana *ab ovo*, desde el punto mismo donde todo surge: el cerebro) se ha manifestado en algunas ocasiones al respecto, la más reciente, ahora que el investigador alemán Gerhard Roth asegura haber localizado el punto exacto de dicho órgano donde nace el mal.

Durante varios años, Roth estudió el cerebro de criminales sentenciados, en especial asesinos, violadores y ladrones, en busca de similitudes que explicaran o descartaran una relación entre esas conductas y alguna constante fisiológica.

Según sus conclusiones (todavía provisionales, como todo en la ciencia), esta manifestación del mal podría originarse en un "mancha" que se ubica en el lóbulo central y que, asegura el científico, comparten los cerebros de esas personas.

Para descubrir esto, Roth y su equipo analizaron las ondas cerebrales de unos convictos mientras veían videos breves que mostraban escenas de violencia explícita, constatando la respuesta, más o menos previsible, de que las áreas donde se registran emociones como la compasión o la pena no mostraron ninguna actividad.

Pero lo sorprendente fue que, al tomar radiografías del cerebro de los criminales, en casi todos se observó una masa oscura en la región central. Según Roth, esta sugiere que existe una predisposición genética a la violencia, aunque también influyen factores de neuroquímica (en particular relacionados con la segregación de serotonina). En cualquier caso, dice el investigador: "Esta es definitivamente la región del cerebro donde el mal se forma y donde se esconde."

"Por supuesto no es automático", continúa Roth, "el cerebro puede compensar la tendencia a la violencia y no es claro cómo funciona esto, pero cuando veo a jóvenes con trastornos de desarrollo en la parte frontal baja del cerebro, puedo decir con un 66% de probabilidad que ahí hay un criminal en formación."

Asimismo, por sus investigaciones, el científico asegura que "no hay dos criminales iguales" y que la maldad encuentra al menos tres caminos distintos entre sí.

- El primero: el criminal "psicológicamente sano" que crece en un ambiente donde golpear, robar y asesinar son conductas aceptadas.
- El segundo: el criminal mentalmente perturbado que ve al mundo como una amenaza y, ante un pretexto más o menos circunstancial, da rienda suelta a su furia.
- El tercero: los psicópatas como Hitler y Stalin, en quienes la maldad no es congénita, sino resultado del entorno donde crecieron y se desarrollaron.

Sin duda son conclusiones polémicas que, a pesar de la legitimidad que por lo general se le otorga a la ciencia, no parecen sencillas de aceptar como respuesta al problema del mal.

¿Los cerebros de los criminales son diferentes?

El cerebro es el órgano de la conducta con el que sentimos, pensamos y memorizamos (entre otras funciones) y sus características son similares en todos los seres humanos.

Si tuviéramos enfrente dos cerebros, el de una persona normal y el de un asesino, a simple vista sería muy difícil encontrar diferencias en el tamaño de sus estructuras. Pero hace poco se estudió el metabolismo cerebral de individuos muy violentos, no necesariamente criminales sino policías judiciales o maridos golpeadores, mientras procesaban emociones de miedo o emociones morales.

En sus cerebros encontramos un menor volumen en la amígdala izquierda. Es una diferencia sutil, pero significativa, ya que esta estructura subcortical procesa las emociones de miedo.

Estudio del cerebro

Una de las tecnologías desarrolladas para estudiar el cerebro es la tomografía axial computarizada (TAC). A diferencia de la encefalografía, la TAC nos da una imagen del cerebro y su anatomía vista desde varios ángulos, pero no de su actividad. Por eso sólo sirve para estudiar las formas y las proporciones de las distintas partes del cerebro en un momento dado.

También tenemos la tomografía por emisión de positrones (TEP). Este tipo de tecnología sirve para estudiar la actividad cerebral en áreas concretas, aunque de manera indirecta. Para aplicar esta técnica primero se inyecta una sustancia radioactiva en la sangre, la cual va dejando un rastro de radiación por donde pasa. Luego, unos sensores detectan en tiempo real, qué zonas del encéfalo son las que acaparan mayor radiación, lo cual indica que esas zonas están absorbiendo más sangre porque, justamente, se están manteniendo más activas. A partir de esta información se recrea en una pantalla la imagen de un cerebro con diferentes zonas.

En muchos países se llevan a cabo estudios de genética mediante diferentes estudios y procesos, incluso en comparaciones con gemelos y mellizos criados por la misma familia o en diferentes ambientes. Esos estudios tienen el objetivo de analizar la influencia de la formación, no sólo del aspecto genético.

El resultado del grueso de los estudios de genética nos permite llegar a la siguiente conclusión: la propensión a la criminalidad sí tiene una carga genética. Incluso se habla de un 40 a 60% de influencia hereditaria y esto tiene que ver con la proclividad antisocial.

También se han hecho estudios con el fin de detectar múltiples variantes genéticas para obtener la variabilidad de la acción criminal.

El más conocido de todos ellos es el gen MAO-A. Se trata de un segmento del cromosoma X que prescribe la producción de la versión "A" de la monoamino-oxidasa, una enzima que tiene un papel destacado en el metabolismo de diversos neurotransmisores en la comunicación cerebral. Si ese elemento no hace bien su trabajo, la regulación fina de la función de la serotonina (la sustancia que se encarga de tranquilizarnos) se desmorona y también se afectan, aunque en menor medida, las tareas de la noradrenalina y la dopamina.

Este gen se empezó a analizar de forma popular a principios de 1990.

La gente con índices bajos de MAO-A en las plaquetas sanguíneas es más impulsiva e irreflexiva y los medicamentos que se usan para controlar los brotes agresivos suelen aumentar la función de la serotonina. 65% de las personas presenta la variante con una producción eficiente de la enzima; 35% restante tiene otra menos eficaz.

Así mismo, los maltratos de la infancia incrementaron la probabilidad de la conducta antisocial en el futuro, pero sólo en los muchachos que portaban la versión ineficiente de MAO-A. Los que llevaban la versión eficaz estaban, por el contrario, inmunizados ante el maltrato familiar.

La mente del psicópata

Existe una herramienta para evaluar el grado de psicopatía de cada persona. Se llama "Psychopathy Checklist Revised" o PCL-R por sus siglas en inglés. En 1978, el doctor Robert D. Hare, desarrolló esta prueba a partir de una anterior. En la actualidad, es la que todos usamos y la llamamos "Escala de Evaluación de la Psicopatía de Hare".

Es una métrica compleja y de uso profesional. A continuación, sólo veremos un resumen general de los rasgos y conductas claves de las personas que presentan rasgos de psicopatía. Es importante dejar de utilizar términos complejos y médicos (como "psicópata") de forma coloquial. Es muy normal que digamos "creo que ando con un psicópata" o "eres bien bipolar", pero los dos términos están mal utilizados debido a la normalidad con la que los hemos visto.

En general, todas las personas podemos tener algún rasgo de psicopatía, lo cual no nos convierte en psicópatas.

De acuerdo con el doctor Robert D. Hare, experto número uno en psicopatía a nivel mundial, hay síntomas claves en los psicópatas. Desde el punto de vista emocional, su mente es simple y superficial. Son personas ingeniosas y divertidas; saben expresarse y pueden ser grandes conversadores; sus respuestas pueden ser muy rápidas, demostrando gran agilidad mental e inteligencia... Pero son poco sinceras. Es como si su cerebro tuviera un guion de forma mecánica.

En muchos casos, la personalidad es egocéntrica y presuntuosa, como en el caso de Ted Bundy. Incluso hay algunos psicópatas con tanta fastuosidad que quieren encargarse de su defensa ante el juez, a veces de manera espectacular. Por lo general, esto tiene resultados muy cuestionables en cuanto a eficacia. Parecen ser seguros de sí mismos, dominantes, incluso altaneros; les gusta tener el poder y el control de los demás.

Uno de los rasgos más importantes es el siguiente: falta de remordimientos o de culpa. Los psicópatas muestran falta de interés en los efectos que tienen sus acciones sobre los demás. Por eso vemos a un Jeffrey Dahmer con un aspecto absolutamente falto de sensibilidad al narrar sus crímenes en televisión nacional. Esa falta de remordimientos o culpa se asocia a la habilidad para racionalizar su conducta y librarse de sus acciones.

Otro síntoma muy conocido es la falta de empatía. Los psicópatas fingen emociones profundas y justo esta proclividad al engaño se asocia con la falta de empatía. La empatía quiere decir ponerte en el lugar de la otra persona; no significa justificar todas sus acciones o estar de acuerdo 100% con ella, sólo ponerte en su lugar. El psicópata ve a su víctima como algo que le da placer y nada más.

Y, por supuesto, son extraordinarios mintiendo, manipulando o engañando, como en el caso de Ted Bundy

El cerebro de los psicópatas presenta indicios de una hipermaduración acelerada durante la infancia, hecho que los protege del sufrimiento, pero dificulta que gestionen sus emociones, aunque son conscientes de sus actos por completo. Como dice el doctor Jesús Pujol:

"El psicópata puede ser el resultado de un estrés emocional en las primeras fases de la vida, que provoca la hipermaduración de las estructuras del cerebro implicadas en los sentimientos y la toma de decisiones."

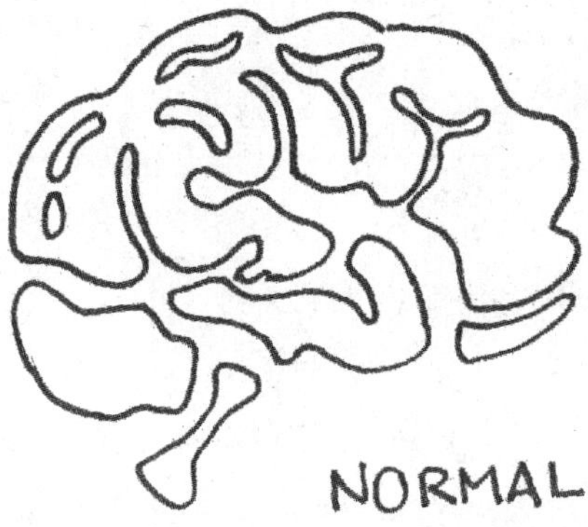

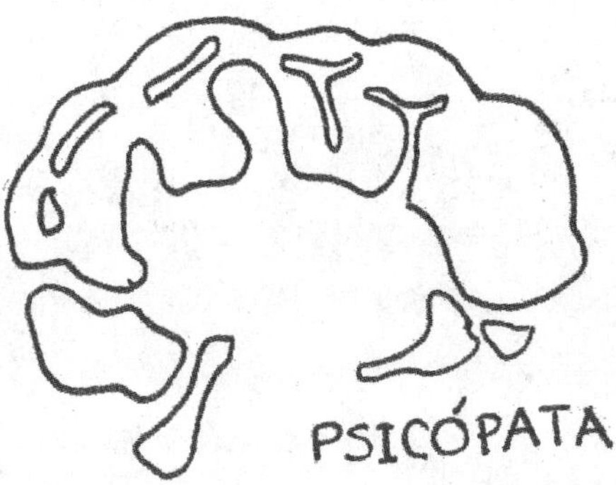

CAPÍTULO 2
Asesinos en serie

Un asesino en serie es un sujeto que asesina a tres o más personas en un lapso de 30 días o más, con un período de enfriamiento entre cada asesinato, y cuya motivación se basa en la gratificación psicológica que le proporciona dicho crimen.

Los asesinos en serie están motivados por una multitud de impulsos psicológicos, sobre todo ansias de poder y compulsión sexual. Por lo general, los crímenes se realizan de forma similar y las víctimas comparten alguna característica (ocupación, raza, apariencia, sexo o edad).

No debemos confundirlos con los "asesinos en masa", ellos matan a un número elevado de personas de manera simultánea, en un período corto de tiempo. Tampoco hay que confundirlos con los "asesinos relámpago", quienes cometen múltiples asesinatos en un corto período y en lugares distintos.

En la década de 1970, el agente especial del FBI Robert Ressler acuñó el término "asesino en serie" *(serial killer)*, aunque ya se había descrito muchos años antes. Se tiene constancia de que el inspector policial alemán Ernst Gennat utilizaba este concepto en 1930.

El FBI ha categorizado a los asesinos en serie dentro de tres tipos diferentes:

- Organizados. Por lo general, poseen un coeficiente intelectual superior a la media (105 en adelante). Planifican sus crímenes de forma muy metódica, por eso pueden tardar años en realizar un asesinato.
- Desorganizados. Estas personas carecen de un coeficiente intelectual alto (entre 80 y 95) y cometen sus crímenes de forma impulsiva. Mientras que el asesino organizado saldrá específicamente a cazar a la víctima, el desorganizado matará a alguien cuando sea, como sea y donde sea que se le presente la oportunidad. De hecho, contadas veces se molestará en deshacerse del cuerpo.
- Mixtos. Los asesinos mixtos presentan combinaciones coherentes de rasgos del asesino en serie organizado y del desorganizado. En general, son asesinos que, en cierta fase de su carrera criminal, actúan de forma organizada, mientras que en otra actúan de manera desorganiza. Estos son minoría pues en general, o son organizados o son desorganizados.

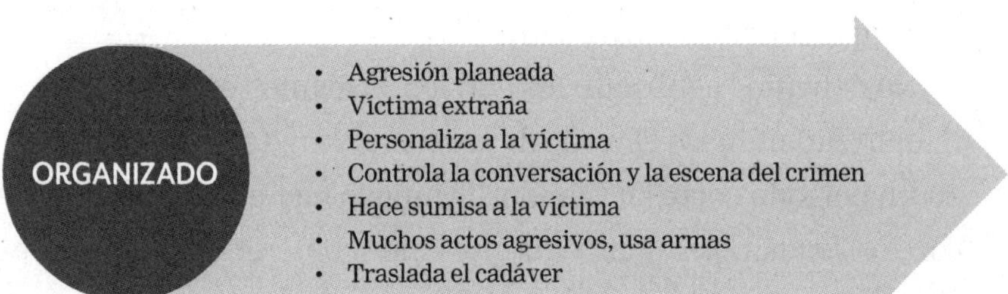

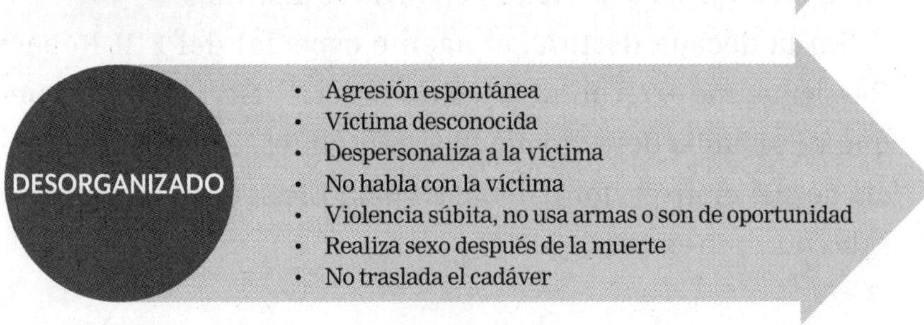

Si alguna vez viste *Mind Hunter*, conoces a John Douglas, el hombre que logró meterse en la mente de asesinos en serie y creó los primeros perfiles criminales del FBI.

"No creo que exista el mal, que estas personas nazcan con un gen de la maldad, una especie de gen asesino", señaló Douglas en una entrevista con la periodista Andrea Kennedy. "Creo que estas personas se hacen malvadas y son llevadas a hacer estos crímenes que ciertamente son malignos."

John Douglas también es autor de varios libros, entre ellos *The killer across the table* (*El asesino del otro lado de la mesa*), que acaba de publicarse.

Los asesinos en serie tienen una infancia

De acuerdo con varios estudios, hay relación entre el maltrato o los traumas psicológicos y la tipología de los asesinos en serie.

Un homicidio se define como una acción o una conducta con el fin de terminar con la vida de una persona. Es un término que incluye subcategorías como crimen, homicidio múltiple y homicidio involuntario, es decir, homicidio culposo no doloso. El término también incluye a los realizados por los asesinos en serie, por lo general, este tipo de homicidio tiene la característica de ser intencional, premeditado, no es un impulso o una respuesta a una amenaza recibida. Se realiza por crueldad, es decir, por el placer de hacer daño a alguien.

Es necesario conocer la cadena de sucesos que van antes de un asesinato. Una forma de hacerlo es clasificar las conductas relacionadas con los crímenes, por ejemplo, la forma en que se acercan a sus víctimas. El *profiling* es una técnica en retrospección, esto habla de los datos y de los historiales de los criminales o factores de la personalidad. Es muy interesante notar que la mayoría presenta maltrato infantil (maltrato psicológico, emocional, abuso sexual, desatención, negligencia y explotación comercial).

Pero también se considera que hay un factor genético en los asesinos en serie, es decir, hay personas que tienen mayor predisposición. El maltrato infantil y la violencia contra los niños se ha asociado con problemas de procesamiento cognitivo. A partir de ahí surgen sesgos de hostilidad, respuestas agresivas y evaluaciones positivas de la agresividad.

En promedio, el maltrato infantil que reportan los asesinos en serie es el siguiente: 50% sufrió abuso psicológico; 36% maltrato físico, y 26% abuso sexual.

En general hay tres tipos de abuso: el físico, el psicológico y el sexual. El asesino en serie se basa en la lujuria, la ira, el poder, incluso en las ganancias económicas. En la mayoría de los asesinos en serie que han sufrido violaciones o abusos sexuales hay una tendencia a llevar el crimen con rapidez.

A continuación, vamos a explorar la historia, la mente y la escritura de dos de los asesinos más famosos del mundo.

Jeffrey Dahmer

Su *modus operandi* era traer a las víctimas a su departamento con la promesa de alcohol o dinero. Luego los drogaba y estrangulaba hasta la muerte para tener actividades sexuales con los cadáveres, incluido el desmembramiento, la necrofilia y el canibalismo. A veces, también guardaba partes del cuerpo como trofeos o cocinaba y comía carne de las víctimas.

En 1993, la periodista Nancy Glass entrevistó a Jeffrey Dahmer, "el Caníbal de Milwaukee", quien de 1978 a 1991 asesinó a 17 jóvenes. Fue capturado luego de que su última víctima, Tracy Edwards, lograra escapar. Nancy dijo: "La parte súper aterradora era que parecía perfectamente normal.

Entrevista de Nancy Glass a Jeffrey Dahmer (fragmento resumido)

Glass: ¿Qué sentías?

Dahmer: Tenía deseos obsesivos y pensamientos de querer controlar. No sé cómo decirlo... Poseerlos permanentemente.

Glass: ¿Y por eso los mataste?

Dahmer: Correcto, correcto. No porque estuviera enojado con ellos. No porque los odiara. Sino porque quería tenerlos conmigo. A medida que mi obsesión crecía, iba salvando partes del cuerpo, como cráneos y esqueletos. Es un proceso que no ocurre de la noche a la mañana. Personalizar a otra persona y verla como un simple objeto (un objeto por placer, en lugar de un ser humano que respira) facilita las cosas que no deberías hacer.

Glass: Cuando mataste a estos hombres, ¿después los rechazaste?

Dahmer: En ese momento era casi adictivo, era casi una oleada de energía. No tenía que preocuparme por ninguna de sus necesidades, ni por nada. Sólo tenía el control total de la situación.

Glass: ¿Cómo deberías ser castigado?

Dahmer: Bueno, no hay duda de que merezco la pena de muerte. Me he preguntado por qué no tengo la pena de muerte. Eso es lo que merezco. Merezco la muerte.

Glass: ¿Piensas en tus víctimas?

Dahmer: Ya no tengo pesadillas o sueños con ellos. Es como si parte de mi mente estuviera bloqueada.

Glass: ¿Por qué en el juicio no te pusiste los lentes?

Dahmer: No quería. Me sentía incómodo mirando a la cara. No quería ver la cara de nadie con claridad. Me ayudó a desvincularme de lo que estaba sucediendo.

Glass: ¿Quieres decir algo a las familias de las víctimas?

Dahmer: No tenía intención de lastimarlas. Yo era demasiado egoísta. Sólo pensaba en mí, en mi placer, en mis deseos pervertidos…

Glass: ¿Te molestaron de niño?

Dahmer: No. Nunca me molestaron en la infancia. Jamás sufrí abuso físico, ni verbal, todo fue normal. Incluso tuve un buen hogar.

Así fue la captura de Jeffrey Dahmer

Tracy Edwards, la víctima que pudo escapar, estaba en un bar con dos amigos. De pronto, un hombre extraño se le acercó y le ofreció dinero y cervezas a cambio de posar desnudo para unas fotografías.

Al llegar al departamento del sujeto, Tracy, de 32 años, se percató de un fuerte olor a podrido. El escenario tampoco era muy amable: fotos de hombres desnudos, *posters* de películas de terror y un enorme recipiente de plástico azul adornaban el cuarto del hombre.

En algún punto de la noche del 22 de julio de 1991, después de que Jeffrey Dahmer ya había revelado sus intenciones asesinas y caníbales a su potencial víctima, Edwards logró escapar del departamento y acudir a la policía. Durante una rápida inspección al departamento del acusado, el oficial Muller encontró una serie de fotografías con cuerpos desmembrados. Ante el hallazgo, Dahmer intentó resistirse al arresto, sin éxito.

Grafología de Jeffrey Dahmer

Ahora vamos a imitar los cambios en su escritura (puedes ver su letra real en internet). Una de las teorías habla de los psicópatas como personas que tienen trastorno de personalidad múltiple (lo estoy usando de forma muy coloquial), es decir, parece que hay una voz dentro de ellos. Incluso en una carta firma como Jeff y en la otra como Jeffrey Dahmer. Es como si Jeffrey Dahmer fuera una personalidad y Jeff otra. ¿Será que había dos personas viviendo en la misma cabeza?

Hace tiempo, vi un documental que exploraba esta historia, lo cual me obligó a llenarme de bibliografía al respecto. En el área de la psicología de la normalidad y en el libro *Neurología de la maldad* se habla de la normalidad como una construcción social. Lo importante es que, al analizar a distintos asesinos en serie, la mayoría tenía varias personalidades.

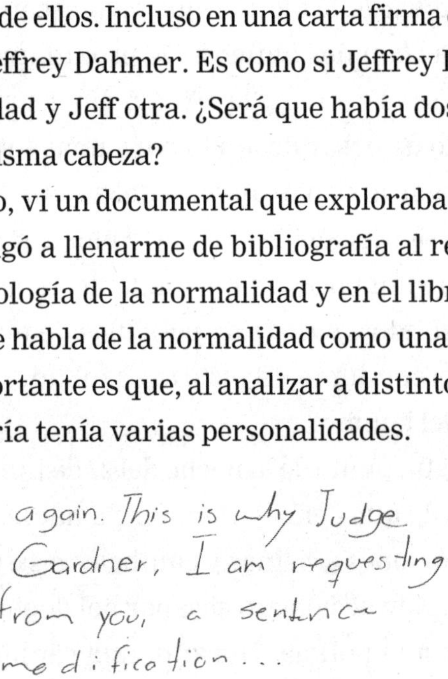
again. This is why Judge
Gardner, I am requesting
from you, a sentence
modification...
Respectfully Yours.
Jef Dahmer

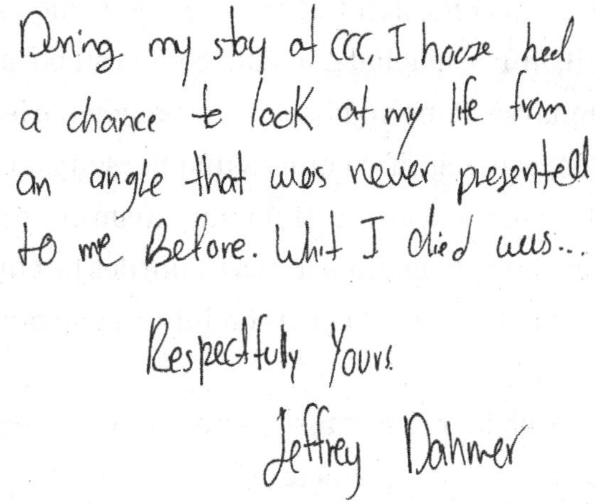
During my stay at CCC, I have had a chance to look at my life from an angle that was never presented to me Before. What I did was...

Respectfuly Yours
Jeffrey Dahmer

Observa los textos que imitan la escritura de Dahmer: En el primer caso, los trazos ocultos son obsesión y pensamientos rumiantes. Los espacios tan amplios nos hablan de una persona incapaz de relacionarse.

Lo sorprendente es cuando vemos la segunda imagen, es de la misma persona con diferente escritura, como Dahmer, sin duda, es un hombre muy inteligente con una gran habilidad social.

Parecen dos personas por completo diferentes.

En la segunda muestra, es una escritura en cursiva. Se repiten las obsesiones y los trazos ocultos, como cuando no sabemos si es una A o qué letra es. La escritura es totalmente hacia la derecha, es la escritura de una persona que se abre al cambio, que tiene facilidad de palabra, una persona que no es infantil, pero que sí está buscando la aprobación por parte de los demás.

Cuando pudimos ver la carta que le escribe al jurado, notamos que es demasiado infantil, pero aun así la palabra más grande que pone es "yo" *(I)*. Es decir, sabe su culpabilidad, es un hombre que está plenamente en el ahora.

Cuando firma como Jeff Dahmer notamos que es una escritura infantil, muy espaciada, lo cual refleja su poca capacidad para relacionarse. Pone signos de puntuación perfectos y la letra es legible, esto significa que es una persona consciente de la realidad. Tiene una autoestima muy disminuida por eso la escritura está aplastada. Los rasgos infantiles también reflejan inmadurez (puedes ver sus cartas en internet, lo mismo sus entrevistas).

En cambio, en la otra carta, el gesto gráfico parece diferente por completo, es decir, es una escritura mucho más elaborada que refleja su gran capacidad de manipulación y habilidades sociales.

Así como amabilidad, al remarcar tanto notamos que hay obsesiones. Vemos que la parte baja de la "g" es inmensa, lo cual refleja un profundo deseo sexual. Las tildes de la "t" tan marcadas reflejan crueldad.

Es cierto, hay casos donde viven seis personas en una misma cabeza. A mí me parece que en el caso de Jeffrey Dahmer podría ser. Lo estoy viendo desde el punto de vista grafológico (como la peritografóloga que soy). Cuando le escribe cartas al papá, vuelve a hacer la escritura de niño. Es impresionante ver cómo dentro de esa cabeza existían tantas personalidades.

Lenguaje corporal de Jeffrey Dahmer

Noten con qué gusto responde cuando le preguntan "¿cómo deberías ser castigado?" Baja la cabeza de manera ligera como si en un momento hubiera un poco de tristeza por lo que le pasa a él, pero nunca hay un poco de tristeza cuando habla de los demás. Cuando habla de sus víctimas es empatía fingida porque los gestos son pensados y forzados.

"Me he preguntado por qué no tengo la pena de muerte si es lo que merezco." Cuando Jeffrey dice eso, la entrevistadora tiene una cara de terror. En cambio, Jeffrey parpadea un poco porque hay nerviosismo, pero noten como el labio inferior está más hinchado que en otros momentos, porque le genera cierto grado de excitación hablar de este tema.

Al decir que ha tenido pensamientos de suicidio pero que no los ha podido llevar a cabo hace una expresión como de tristeza. Al parecer, este hombre sólo siente cierto grado de compasión cuando se trata de él.

Esto ocurre cuando habla de sus víctimas: no presenta ninguna emoción porque no hay dolor, no hay arrepentimiento, no le da pena, no le da miedo; al contrario, se siente orgulloso de recordar lo que pasó.

Busquen y observen más imágenes del juicio. Lo vemos con ese overol naranja que usan los presos en Estados Unidos y una mirada como de alegría y de orgullo. Incluso el abogado se le queda viendo con cierto grado de incredulidad, de escepticismo.

Jeffrey Dahmer se volvió todo un personaje y, además, es un gran manipulador.

¿Por qué no se le ve vergüenza? Porque no la siente, incluso las comisuras están hacia arriba (no por completo). Cuando lo descubren hace una pequeña mueca, pero una mitad de la cara está sonriendo y la otra parece desconcertada, lo cual refleja un conflicto interno entre lo que debe aparentar y lo que siente.

También tenemos muestras caligráficas de dibujos de Jeffrey Dahmer que trataremos de reproducir; algunos tienen rasgos infantiles. Al dibujar las manos tan puntiagudas refleja agresión. En un dibujo usó dos gestos gráficos muy marcados:

- Por un lado, la firma dice Jeff Dahmer reflejando organización, cosa que el dibujo no. Vemos apertura al cambio una vez más, habilidades sociales y personalidad de temperamento nervioso.
- Por otro lado, el "Dahmer" es más grande que el "Jeff", por lo tanto, su yo social y su reputación le importaban. Recordemos que, de acuerdo a los estudios, ellos se sienten poderosos asesinando.

Ted Bundy

El asesino en serie más guapo de la historia fue un joven universitario, aplicado, respetuoso e inteligente.

Theodore Robert Bundy estudió en la Universidad de Washington, en Seattle, y quería especializarse en Derecho. Estaba muy interesado en la política y realizó prácticas en el Partido Republicano. Se esperaba lo mejor de él.

Pero fue sentenciado dos veces a pena de muerte en 1979 y 1980 por el asesinato de tres mujeres. Las víctimas formaban parte de una lista de 36 asesinatos entre 1974 y 1980, en Washington, Colorado, Utah, Oregón, Florida, Idaho y Vermont.

Las facciones de Bundy eran perfectas y siempre venían acompañadas de una actitud galante, lo cual permitía generar confianza en sus víctimas. Fue un carismático, inteligente y elocuente asesino en serie y violador que aterrorizó a Estados Unidos con atroces matanzas.

Bundy tentaba a las mujeres de distintas formas para meterlas en su coche. A veces se ponía una escayola falsa en el brazo o la pierna y cruzaba el campus llevando varios libros.

Su historia ha cautivado la mente y el corazón de muchas personas a lo largo de los años, dando lugar a películas, documentales y libros sobre su legendaria vida y sus crímenes. Incluso hoy, Ted Bundy es recordado como el rostro del mal, un hombre cuyo aspecto apuesto y naturaleza tranquila ocultaban un alma perturbada y sádica. El nombre de Ted Bundy se ha convertido en sinónimo de maldad, pero su vida y sus crímenes siguen rodeados de misterio.

Aún no se sabe qué motivaba a Ted Bundy para cometer sus horrendos crímenes, pero hay muchas teorías que sugieren que le impulsaba el ansia de cometer actos violentos y una obsesión por el control. El propio Bundy ofreció algunas pistas sobre sus motivos. A menudo describía a las mujeres como objetos que necesitaba poseer. También admitió que sus víctimas le recordaban a alguien de quien quería vengarse, quizá de su padrastro.

Además, existen muchas teorías sobre los factores psicológicos que contribuyeron a su desenfreno, desde traumas infantiles hasta un diagnóstico de psicopatía o trastorno límite de la personalidad. Sin importar cuáles fueran las causas profundas de sus actos, la verdadera tragedia de su historia es que muchas mujeres y niñas inocentes murieron como consecuencia de sus retorcidas y violentas fantasías.

Entrevista de James C. Dobson a Ted Bundy
(fragmento resumido)

JCD: Son las 2:30 de la tarde. Tu ejecución será mañana a las 7 de la mañana, si no hay ningún cambio. ¿Qué te pasa por la cabeza? ¿Qué pensamientos has tenido en estos últimos días?

Ted: No te voy a engañar ni a decirte que es algo que tengo bajo control. Es algo que va momento a momento. A veces estoy muy tranquilo y a veces no lo estoy en absoluto. Lo que me pasa por la cabeza ahora mismo es utilizar los minutos que me quedan de la forma más útil y fructífera. Ayuda bastante vivir el momento, siempre que lo hagas de manera productiva. Ahora mismo me siento muy tranquilo, en gran medida porque estoy aquí contigo.

JCD: Eres culpable del asesinato de muchas mujeres y niñas.

Ted: Sí, es verdad.

JCD: ¿Cómo ocurrió? Cuéntame. ¿Cuáles son los antecedentes de tu comportamiento? Creciste en un hogar que tú considerabas sano. ¿Abusaron de ti de forma física, sexual o emocional?

Ted: No, y esa es la parte trágica de esta situación. Crecí en una casa maravillosa con dos padres dedicados y amorosos, con cinco hermanos y hermanas. Nosotros, como niños, éramos el centro de las vidas de mis padres. Por lo general, íbamos a la iglesia. Mis padres no fumaban, ni bebían, ni apostaban. No había ningún tipo de abuso ni peleas en casa. No estoy diciendo que fuera perfecto, pero era un sólido hogar católico. Espero que nadie intente tomar el camino fácil de culpar a mi familia de contribuir a esto. Sé lo que pasó, y te lo estoy contando de la forma más honesta posible. Cuando tenía 12 o 13 años encontré, fuera de casa, en la tienda del barrio, algo de pornografía. Los chicos de esa edad suelen explorar cada esquina del vecindario y, en el nuestro, a menudo encontrábamos en la basura revistas más gráficas, más fuertes. Eso también incluía revistas de detectives. Me gustaría enfatizar esto: el tipo más dañino de pornografía (hablo desde mi experiencia) es el que implica violencia. La unión del sexo y la violencia, y lo sé muy bien, conduce a un comportamiento demasiado terrible de describir.

JCD: Háblame de eso. ¿Qué te pasaba por la cabeza en aquel momento?

Ted: Antes de seguir, es importante que la gente crea que lo que digo es cierto. No estoy culpando a la pornografía. No estoy diciendo que me hizo hacer ciertas cosas. Toda la responsabilidad por las cosas que he hecho es mía, esa no es la cuestión. La cuestión es cómo este tipo de literatura contribuyó a moldearme y dar forma a mi comportamiento violento.

JCD: Avivaba tus fantasías.

Ted: Al principio, aviva el proceso mental. Después de un tiempo, es un instrumento fundamental para cristalizarlo, convertirlo en algo que es casi una entidad separada.

JCD: Sólo habías llegado hasta donde te dejaba tu fantasía, con material impreso, fotos, vídeos, etcétera, y después tuviste la necesidad de llevar eso al plano físico. Una vez que te hiciste adicto sólo buscabas material más potente, más gráfico y más explícito. Como en cualquier adicción, cada vez necesitas algo más duro y que te dé un mayor sentimiento de excitación, hasta que llegas al punto donde la pornografía no puede darte más, y te planteas que quizá empezar a actuar te dará esa sensación que buscas, y que está más allá de leer o mirar porno. ¿Cuánto tiempo estuviste en ese punto antes de atacar a alguien?

Ted: Un par de años. En el interior, luchaba contra mi comportamiento violento y mi instinto criminal. Eso me había condicionado en la iglesia, en el vecindario y en los colegios. Sabía que no estaba bien pensar en ello y hacerlo, sin duda, era peor. Estaba al límite... y los últimos vestigios de contención eran puestos a prueba todo el tiempo.

JCD: ¿Recuerdas qué fue lo que te impulsó? ¿Recuerdas qué decisión tomaste, y dónde?

Ted: Es muy difícil describir... la sensación de llegar a un punto donde sabía que no podría controlarlo más. Las barreras que tenía desde niño no eran suficientes para evitar que hiciera daño a alguien.

JCD: ¿Sería adecuado llamarlo "frenesí sexual"?

Ted: Es una forma de describirlo, una compulsión, un cúmulo de energía destructiva. Otro hecho que no he mencionado es el uso de alcohol. Con mi exposición a la pornografía, el alcohol reducía mis inhibiciones y la pornografía me llevaba cada vez más lejos.

JCD: Después de cometer tu primer asesinato ¿cuál fue el efecto emocional? ¿Qué ocurrió en los días siguientes?

Ted: Incluso después de todos estos años aún es difícil hablar del tema. Hablar de ello es revivirlo y es difícil... pero quiero que entiendas lo que ocurrió. Era como salir del trance de un sueño horrible. No quiero dramatizar, pero sólo puedo compararlo a estar poseído por algo espantoso y despertarte la mañana siguiente recordando lo que había pasado y sabiendo que ante los ojos de la ley (y ante los ojos de Dios) eres responsable. Levantarme a la mañana siguiente y darme cuenta de lo que había hecho, teniendo mis principios éticos y morales intactos, me horrorizaba.

JCD: Antes de eso ¿nunca supiste de lo que eras capaz?

Ted: No hay forma de describir la necesidad brutal de hacerlo, y una vez que satisfaces esa necesidad y gastado esa energía, volvía a ser yo. Básicamente era una persona normal. No era de esos que se pasan el día por los bares, ni un pervertido que ves y dices: "Algo raro pasa con ese tipo." Era una persona normal, con buenos amigos. Llevaba una vida normal, excepto por este segmento potente y destructivo que mantenía en secreto. Aquellos que hemos estado tan influenciados por la violencia en los medios, en particular la violencia pornográfica, no somos monstruos. Somos hijos y maridos.

Crecimos en familias normales. La pornografía puede llegar a cualquier niño de cualquier casa hoy en día. A mí me pasó hace 20 o 30 años, con todo lo diligentes y protectores que fueron mis padres, incluso en un hogar cristiano como el nuestro, no hay protección alguna contra la tolerancia y la influencia de la sociedad.

JCD: Fuera de estas paredes, hay muchos reporteros que quieren hablar contigo, y pediste hablar conmigo porque había algo que querías decir. Sientes que la pornografía está haciendo un daño que se silencia y que causa violaciones y asesinatos de mujeres, como los que hiciste tú.

Ted: No soy científico, no pretendo creer lo que John Q. Citizen opina sobre esto, pero he vivido en prisión durante mucho tiempo y he conocido a muchos hombres que se sintieron motivados a cometer actos violentos. Todos, sin excepción, estaban involucrados de forma profunda con la pornografía, consumidos por la adicción. El estudio del FBI sobre asesinos en serie muestra que el interés común entre todos estos asesinos es la pornografía. Es la verdad.

JCD: ¿Cómo habría sido tu vida sin esa influencia?

Ted: Sé que habría sido mucho mejor, no sólo para mí sino para mucha otra gente, mis víctimas y sus familias. No hay duda de que habría sido una vida mejor. Estoy convencido de que no habría habido ningún tipo de violencia.

JCD: Si pudiera hacerte todas las preguntas que oigo por ahí, una sería: ¿piensas ahora en las víctimas y sus familias? Años después, sus vidas no son normales. Nunca lo serán. ¿Tienes remordimientos?

Ted: Sé que mucha gente dirá que soy un interesado, pero con la ayuda de Dios he llegado a un punto en el que puedo sentir el dolor causado, aunque demasiado tarde. Sí, absolutamente. Durante los últimos días he estado hablando con algunos investigadores sobre casos sin resolver en los que tuve que ver. Es muy duro hablar de ello después de tanto tiempo, porque revive todos los sentimientos y pensamientos que pensaba que ya había olvidado. Se ha reabierto y he sentido el dolor y el horror de nuevo. Espero que esos a quienes he causado tanto daño, incluso si no creen mi expresión de dolor, crean lo que estoy diciendo ahora: hay algunos como yo en sus comunidades, en sus ciudades, cuyos peligrosos impulsos se ven avivados día sí, día no, por la violencia en los medios en todas sus formas, en particular la violencia sexual. Me asusta mucho lo que veo por televisión. Mucha de la violencia de las películas de hoy ni siquiera las permitirían hace 30 años en películas X.

JCD: ¿Las películas de miedo?

Ted: Es la violencia más gráfica en escena, sobre todo si los niños no están prevenidos de que podrían llegar a ser un Ted Bundy, o al menos una predisposición para ese tipo de comportamiento.

JCD: Uno de los últimos asesinatos que cometiste fue el de la niña de 12 años Kimberly Leach. El clamor del público se oye mucho más sobre este caso porque una niña inocente de 12 años fue llevada del patio del colegio. ¿Qué sentiste después? ¿Sentiste las mismas emociones de siempre

Ted: No puedo hablar de eso ahora mismo, es en extremo doloroso. Me gustaría contarte la experiencia, pero no soy capaz. No puedo ni siquiera imaginar el dolor de los padres de estas niñas y jóvenes a las que he dañado. Y no puedo resarcirlos de ningún modo. No pretendo que me perdonen, no lo estoy pidiendo. Ese tipo de perdón sólo lo concede Dios.

JCD: ¿Mereces el castigo que te ha impuesto el Estado?

Ted: Es una buena pregunta. No quiero morir, no te voy a engañar. Sin duda merezco el castigo más duro que la sociedad me pueda imponer. Y creo que la sociedad merece ser protegida de mí y de otros como yo, seguro. Lo que espero que salga de esta conversación es que creo que la sociedad merece protegerse de sí misma. En el rato que hemos estado hablando hay ciertas fuerzas actuando, en concreto la pornografía violenta. Al mismo tiempo que la gente de bien condena a Ted Bundy, pasan por la estantería de revistas porno que pueden llevar a sus hijos a convertirse en Ted Bundy. Esa es la ironía. Hablo de ir más allá del resarcimiento, que es lo que la gente quiere de mí. No hay forma en el mundo de que matarme pueda devolver a esas preciosas niñas a sus padres y calmar el dolor. Pero hay muchos otros niños jugando en las calles en todo el país hoy que van a morir mañana o pasado mañana porque otra gente joven está leyendo y viendo lo que hay en los medios.

JCD: Hay un tremendo cinismo sobre ti, supongo que por una buena razón. No estoy seguro de que haya algo que puedas decir para que la gente te crea, y aun así me has dicho (y también lo he oído de parte de nuestro amigo común John Tanner) que has aceptado el perdón de Jesucristo y crees en él. ¿Sacas fuerza de eso en estos últimos momentos?

Ted: Sí. No puedo decir que estar en el Valle de las Sombras de la Muerte es algo a lo que me haya acostumbrado, ni puedo decir que soy fuerte y no me molesta. No es divertido. Me siento muy solo, y aun así me tengo que recordar que todos pasaremos por esto de un modo u otro.

JCD: Todos estamos destinados.

Ted: Incontables millones de personas han vivido en la Tierra antes que nosotros, así que esto es sólo una experiencia que todos compartimos.

Las víctimas de Ted: Anne Marie Burr, Lonnie Trumbell, Joni Lenz, Lynda Ann Healy, Donna Gail Manson, Susan Elaine Rancourt, Brenda Baker, Roberta Kathleen Parks, Brenda Carol Ball, Georgeann Hawkins, Janice Ott, Denise Naslund, Kimberly Leach, Lisa Levy, Margaret Bowman...

Grafología de Ted Bundy

Si quieres conocer su escritura puedes encontrarla en internet. Es muy importante notar lo ligada que es la escritura de Ted Bundy porque significa que tiene un gran poder de convencimiento. Esto se debe a su inteligencia verbal. También es importante fijarnos en las partes bajas de su escritura porque son demasiado grandes.

La velocidad es rápida por lo tanto es muy sexual y compulsivo; es hipócrita; es una persona que tiene seguridad en sí, autoconfianza y un buen autoconcepto.

La tilde en la "t" está justo en medio: un reflejo de crueldad.

Otra cosa importante es lo grande que escribe "Ted", demostrando que él es más importante que la persona a la que le está escribiendo. Su letra podría ser algo como lo siguiente:

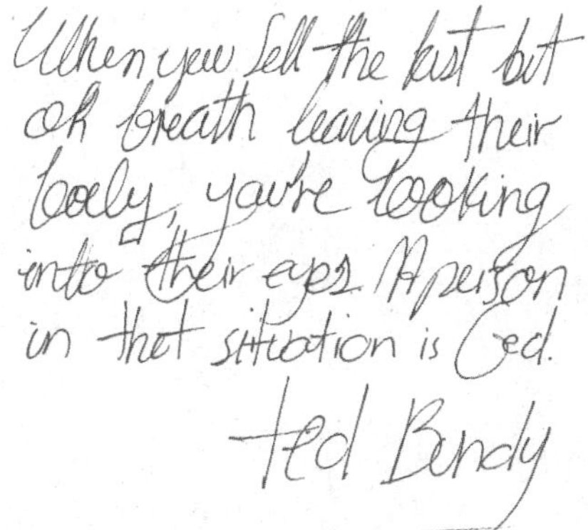

El centro de la escritura y las torsiones en trazos (que deberían ser rectos) nos muestran una torcedura o desviación, lo cual habla de ansiedad, tortura y sufrimientos interiores.

Como podemos ver, los finales son en aguja: síntoma de mordacidad y de personas que tienden a herir con sus comentarios, también refleja ironía y disfrutar de hacer comentarios desagradables.

Dentro de algunas teorías grafológicas, las agujas se encuentran situadas en sentido vertical y se trata de uno de los signos reforzantes de maldad y de violencia. Se le conoce como signo del escorpión (o colita de alacrán).

Este tipo de escritura también se considera sobrealzada. Eso significa que Ted tiene un gran concepto de sí, se siente orgulloso de forma excesiva, se considera creativo. Pero hay una gran tendencia a la insatisfacción y susceptibilidad. Además, se muestra despectivo ante la gente que lo rodea

Si se fijan, los márgenes son muy marcados de lado izquierdo, esto por lo general refleja angustia. Los inicios de la escritura muestran desconfianza. Por último, deja poco espacio entre letras, lo cual habla de una capacidad aceptable para relacionarse y trabajar bajo presión.

CAPÍTULO 3
Dictadores

Durante mucho tiempo, los dictadores han sido objeto de fascinación, temor y han inspirado innumerables libros, películas y documentales. Desde la antigua Roma hasta la época actual, estos líderes han ejercido un poder absoluto sobre sus ciudadanos, a menudo con consecuencias devastadoras.

Los dictadores han existido a lo largo de la historia y sus reinados han estado marcados a menudo por la violencia y la opresión. Desde el Imperio Romano hasta los déspotas modernos, la historia de los dictadores es un tema complejo y fascinante que arroja luz sobre los aspectos más oscuros de la naturaleza humana.

La dictadura es uno de los sistemas políticos más frecuentes y el término "dictador" se usa para describir diversas formas de gobernantes autoritarios. Hay diferentes tipos de dictadura que asolaron las sociedades humanas a lo largo de la historia, desde dictadores personalistas hasta regímenes brutales.

Dictadores brutales y personalistas

La dictadura es una de las formas de gobierno más brutales de la historia de la humanidad. El mundo ha sido testigo de algunos de los dictadores más atroces que han causado un inmenso sufrimiento y muerte a su propio pueblo. Desde Hitler hasta Stalin, la lista es interminable. Los dictadores brutales se clasifican en función de sus atrocidades y su número de muertos, y a menudo se mantienen en el poder con el apoyo de grupos pequeños para gobernar.

Los dictadores personalistas son un tipo distinto de líder autoritario, se caracterizan por la dependencia de un pequeño cuerpo de élite (un grupo de allegados compuesto por amigos o familiares) para mantener el control del poder. Estos líderes se encuentran en países de todo el mundo y sus reinados muestran corrupción, abusos a los derechos humanos y represión política.

Los ejemplos de dictadores brutales no se limitan a figuras tan conocidas como Hitler o Stalin. Estos líderes tienen una personalidad única, un carisma, un perfil psicológico y un estilo de liderazgo manipulador que les permite obtener el poder absoluto y crear sus sectas.

A lo largo de la historia, muchos líderes infames obtuvieron el poder por la fuerza y gobernaron con puño de hierro. Sus reinados estuvieron marcados por la violencia, la opresión y los abusos de los derechos humanos. Desde Adolf Hitler hasta Kim Jong Un, estos líderes han dejado un legado duradero de miedo y tiranía, y sus historias siguen cautivando y horrorizando hasta nuestros días. Adentrémonos en el mundo de los dictadores y exploremos el lado oscuro de la naturaleza humana.

Las características de los dictadores

En el lóbulo frontal inferior del cerebro encontramos el circuito que quizá se dañó en los dictadores psicópatas, donde se inhiben los impulsos agresivos procesados en las amígdalas. Las personas con baja actividad en esta zona están especialmente predispuestas a comportamientos impulsivos o psicopáticos.

Cuando nos enfrentamos a dilemas morales, cuando nos debatimos entre el ángel y el demonio que llevamos dentro, esta parte del cerebro se activa. Esa lucha la puede ganar la moralidad, el mecanismo de control de impulsos del lóbulo frontal. Pero si el centro del lóbulo frontal está malformado o dañado, fracasa en activarse y la amígdala del lóbulo temporal se apodera de los controles de comportamiento.

La amígdala es el centro principal de los circuitos donde se regulan el miedo, la rabia, el deseo sexual y la memoria emocional entre otras cosas. Esta parte del cerebro está conectada al hipotálamo, cuyo funcionamiento se desregula en personas con problemas emocionales. Esto puede pasar durante el desarrollo fetal o, después, por el entorno.

Grafología de Putin y Castro

Es impresionante observar las firmas de estos personajes. Trataremos de replicar sus características. No corresponden a la misma cultura y aun así hay similitudes importantes.

Sí, las dos son de dictadores.

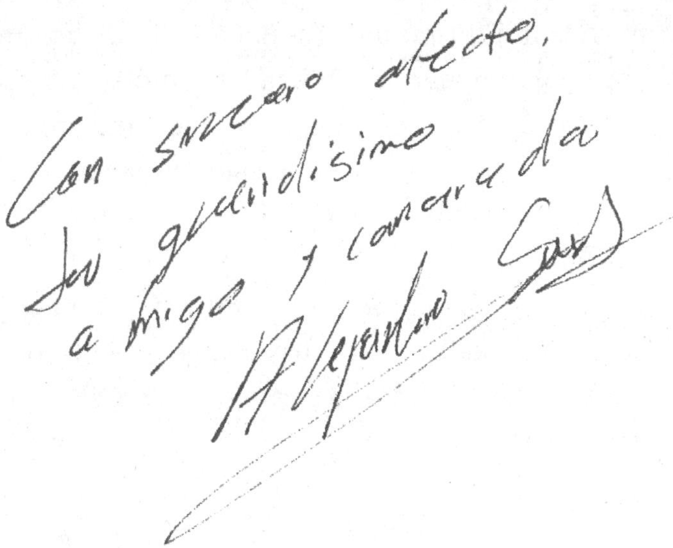

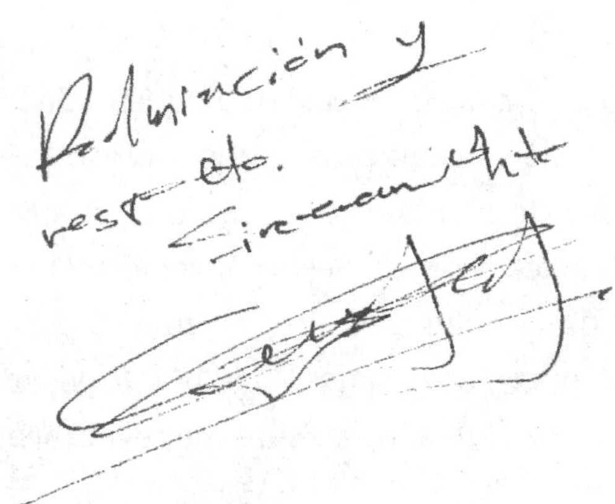

Observen cómo la escritura de los dos es ascendente, ligada, semiangulosa, con una marcada intuición, es decir hay palabras que están juntas y otras separadas. Los dos presentan una "a" con colita de alacrán (el ganchito que va después de la "a").

Las dos firmas son anchas. Una muestra escritura en guirnaldas y la otra arqueada. Lo cual nos ayuda a concluir que, desde el punto de vista grafológico, para ser dictador se necesita ser líder. Tanto Vladimir Putin como fidel Castro son dos líderes que, sin juzgarlos de forma moral, tienen una gran capacidad de manipulación y convencimiento.

Noten que las dos firmas (que pueden encontrar en internet), inician con movimientos regresivos, lo cual nos habla de ser personas que no olvidan de manera fácil.

Por último, la escritura de los dos es adornada y remarcada, por lo tanto, son personas obsesivas.

Conviene reafirmar que los dictadores han formado parte de la historia de la humanidad durante siglos y, aunque algunos pueden argumentar que han aportado estabilidad y orden a sus naciones, no se pueden ignorar las atrocidades que cometieron. El mundo ha visto el ascenso y la caída de varios dictadores, los cuales dejaron una huella única en la historia. Es importante recordar las lecciones del pasado y seguir luchando por la democracia y la libertad para todos. La amenaza de la dictadura sigue existiendo hoy en día, como se observa en países como Corea del Norte. A medida que avanzamos, es crucial permanecer vigilantes y trabajar por un mundo en el que la dictadura sea cosa del pasado.

CAPÍTULO 4
Crueldad y Cerebro

La crueldad es un fenómeno complejo y polifacético que ha fascinado a los investigadores durante siglos. Desde una perspectiva neurocientífica, el estudio de la crueldad implica comprender los factores psicológicos y neurobiológicos que subyacen a este comportamiento. Profundicemos en la fascinante historia de la crueldad y su relación con el cerebro explorando las últimas investigaciones en neurobiología, sociología y psicología. Mediante esta exploración, pretendemos arrojar luz sobre el misterioso funcionamiento del cerebro humano y cómo contribuye a este preocupante fenómeno que afecta no sólo a individuos, sino también a sociedades enteras.

El papel de la frustración y el estrés

La frustración y el estrés son experiencias universales y cotidianas para la mayoría de las personas. Pero la exposición prolongada a dichas emociones tiene un efecto perjudicial en el cerebro.

Los estudios revelan que la frustración dispara las hormonas del estrés, lo que provoca la destrucción y muerte de las neuronas. Esta destrucción causa alteraciones en el equilibrio de los neurotransmisores, como la serotonina, que afectan el estado de ánimo y el comportamiento de forma negativa. El estrés, si se soporta durante un periodo prolongado, puede exacerbar el daño, provocando estrés crónico y problemas de salud mental.

Comprender el papel de la frustración y el estrés en el cerebro puede explicar ciertos comportamientos. La investigación demuestra que la frustración obstaculiza ciertas actividades cerebrales, como la toma de decisiones y el autocontrol. Esto provoca comportamientos impetuosos, incluso violentos, sobre todo en personas predispuestas a estas respuestas.

Al entender los fundamentos neurológicos de estos comportamientos, podemos crear intervenciones y terapias que aborden las causas primarias de tales acciones. En resumen, una sólida comprensión del papel de la frustración y el estrés en el cerebro nos ayudará a mejorar la salud mental y el bienestar.

El circuito de recompensa y las normas sociales

El circuito neuronal del placer y la satisfacción se activa al realizar determinadas actividades. Este sistema de recompensa puede verse perturbado por las convenciones sociales; ajustarse a ellas se recompensa con la aprobación social, estimulando el sistema de recompensa.

Por el contrario, desobedecer estas convenciones provoca sentimientos de culpa y remordimiento, que afectan nuestro comportamiento y nos hacen abandonar ciertos deseos por miedo a las repercusiones.

Aunque las normas sociales son una poderosa influencia, no siempre tienen que ser beneficiosas. A veces, hacer caso omiso de estas normas es esencial para el crecimiento personal o la transformación social. Se trata de un proceso desalentador e incómodo, ya que implica desafiar las expectativas y aceptar la crítica y la exclusión. Pero también puede ser una empresa gratificante que brinda la oportunidad de profundizar en los propios valores y creencias y de desafiar el *statu quo*. Comprender cómo se asocia el circuito de recompensa con las normas sociales nos ayuda a comprender nuestra conducta, motivaciones... y a tomar decisiones informadas sobre cómo interactuamos con el mundo.

Procesos mentales y neurotransmisores

La actividad mental constituye la base de la conducta humana y lleva muchos años investigándose. Los científicos han descubierto que los neurotransmisores son esenciales en el control de estos procesos. Los neurotransmisores son sustancias que transmiten señales en el cerebro y pueden intensificar o inhibir los procesos mentales, según el contexto. Por ejemplo, la dopamina es un neurotransmisor relacionado con el placer y la gratificación, mientras que la serotonina está vinculada a la regulación del estado de ánimo y la conducta social. Comprender cómo funcionan estos neurotransmisores es indispensable para entender el comportamiento humano.

Los estudios revelan que numerosos factores determinantes (como la tensión, la dieta y el uso de medicamentos) afectan el equilibrio de los neurotransmisores en el cerebro. Por ejemplo, el estrés prolongado puede elevar las hormonas del estrés, arruinar y aniquilar neuronas y cambiar el equilibrio de la serotonina, lo que provoca problemas de salud psicológica como ansiedad y depresión. Además, algunas drogas tienen efectos sobre el sistema de recompensa del cerebro, lo que contribuye a la adicción y a otros comportamientos nocivos. Al reconocer el impacto de los neurotransmisores en los procesos mentales, podemos comprender mejor los mecanismos fundamentales que subyacen al comportamiento humano e idear tratamientos más eficaces para los trastornos mentales.

Los psicópatas y las conexiones emocionales

La psicopatía es un trastorno mental que influye en la capacidad de un individuo para empatizar y simpatizar con los demás. Estudios recientes sugieren una correlación entre esta afección y una desconexión entre ciertas regiones cerebrales responsables de las emociones y la aprensión. Esto implica que la capacidad de los psicópatas para sentir y experimentar emociones está alterada, por eso es esencial seguir explorando para comprender las implicaciones que esto tiene en la sociedad y en quienes padecen dicho trastorno.

Manipular y explotar a los demás son características comunes entre los psicópatas, ya que, por lo general, son incapaces de formar vínculos afectivos. Esto se atribuye a una actividad reducida en la amígdala, la región cerebral responsable del procesamiento de emociones como el miedo y la ansiedad. En consecuencia, los psicópatas son incapaces de responder a las señales emocionales como el resto de la población, por lo que parecen distantes y sin emociones.

El comportamiento arriesgado es otro elemento relevante que acompaña a la psicopatía, debido a la disminución de la actividad en el córtex prefrontal, que regula la toma de decisiones y el control de los impulsos. Sin la conexión emocional esencial, los psicópatas son más propensos a asumir riesgos sin considerar las repercusiones de sus actos. Se trata de un problema importante que requiere más investigación para crear tratamientos e intervenciones eficaces para los individuos que sufren este trastorno de la personalidad.

Test del factor D

El doctor Scott Barry Kaufman creó el Test del factor D para calibrar los rasgos oscuros de la personalidad de un individuo. Esta autoevaluación se basa en la Tríada Oscura, que incluye el narcisismo, el maquiavelismo y la psicopatía. El test es un cuestionario que profundiza en el carácter y la conducta de la persona, y puede ser un recurso útil para predecir su comportamiento hacia los demás.

Los resultados del Test del factor D son buenos para predecir ciertos comportamientos. Por ejemplo, las personas con una puntuación alta en psicopatía son más propensas a actuar con violencia hacia los demás. Además, esta evaluación ayuda a reconocer a quienes pueden ser propensos a un comportamiento poco ético en el lugar de trabajo. El Test del factor D no es una herramienta de diagnóstico, sino una herramienta para apoyar a las personas a comprender sus rasgos y cómo pueden afectar su forma de interactuar con los demás. Conocer estos rasgos ayuda a mejorar las relaciones interpersonales y el bienestar general.

Nuestra comprensión de la relación entre la crueldad y el cerebro está en constante evolución. Gracias a una amplia investigación sobre factores psicológicos y neurobiológicos, hemos descubierto el papel clave que desempeñan la frustración, el estrés y los circuitos de recompensa en la configuración de nuestro comportamiento. También hemos aprendido que las normas sociales y los neurotransmisores tienen un impacto significativo en nuestros procesos mentales. Estudiando los cerebros de los psicópatas, descubrimos las conexiones reducidas responsables de las emociones y la ansiedad. El desarrollo del Test del factor D nos permitió estimar los rasgos oscuros de la personalidad de un individuo. A medida que sigamos explorando el intrincado funcionamiento del cerebro, obtendremos sin duda una comprensión más profunda del comportamiento humano y de cómo podemos apoyar mejor a quienes lo necesitan.

CAPÍTULO 5

¿Qué tan cruel eres?

Escribe una letra "t" a mano y vamos a analizarla, por ejemplo, escribe la palabra "tribu".

Si la parte inicial de la "t" es larga y prolongada hacia la izquierda, eres cruel al juzgar tu pasado.

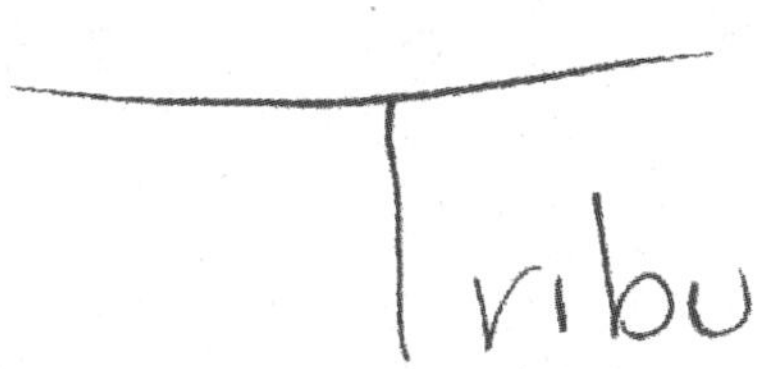

Si los ganchitos de la "t" van hacia adentro eres muy cruel contigo.

Si tu “t” es rápida e inclinada a la derecha superas el pasado y no te quedas en lo mismo.

Su tu “t” tiene un “golpe de sable” eres cauteloso, pero al ser una escritura angulosa puedes llegar a ser cruel ajustando cuentas.

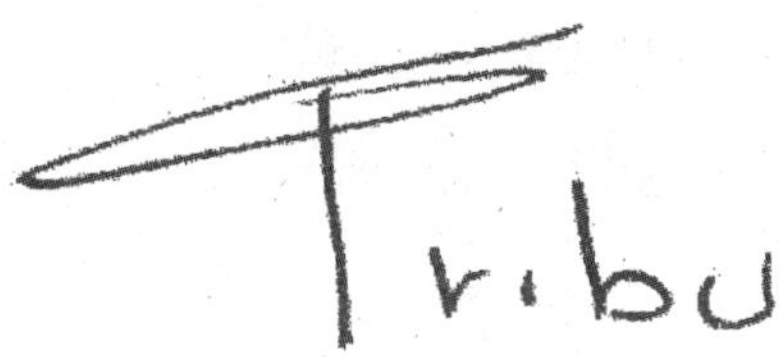

Si la tilde de la “t” es curva no eres nada cruel incluso te hace falta marcar límites.

Si la tilde de la "t" es hacia afuera eres cruel con los demás, sabes donde pegar con tus palabras.

Si la "t" tiene ganchos adelante y atrás eres cruel contigo y con los demás.

Si la tilde está justo en medio, eres cruel y sientes placer de vengarte ("el que te la hace, te la paga"). Si la letra es gruesa, prefieres hacer justicia por tu propia mano.

Si la "t" empieza con un gancho y tiene mucha presión, eres cruel y quien "te la hace te la paga".

CAPÍTULO 6

Maltratadores de animales

No existe ser más transparente que un perro. Los animales no son crueles, los seres humanos sí. Los animales son, sin duda, los seres más maravillosos del planeta. Estoy convencida de que parte de todos los males tiene que ver con la naturaleza humana (si es que existe una, ya que hay gente muy sensible respecto a la existencia o no de la naturaleza humana). Desde mi perspectiva, por supuesto que existe. Somos animales emocionales con capacidad de razonar y no podemos negar nuestro pasado evolucionista.

Por eso es importante recordar que todos venimos del mismo animal mesozoico que ya contaba con esqueleto, nariz y características muy similares a nosotros... y a los perros...

Durante los últimos años me he involucrado (y muy a fondo) en el tema de los animales. Toda mi vida he tenido perro y es, quizá, lo que me hace más feliz.

Los perros hacen que liberes una mayor cantidad de oxitocina, por lo tanto, te sientes feliz cuando estás con ellos. Además, el rostro de los perros es atractivo para el cerebro humano: esos ojotes grandes y redondos con narices pequeñas nos hacen pensar en ese atractivo infantil. También tenemos la transparencia de sus emociones: con sólo bajar la colita o moverla de un lado a otro sabemos si está feliz o si nos oculta algo que sabe que está mal.

Pero en la actualidad, 70% de los perros son maltratados, es decir, sólo 30% tiene una vida digna. Lo triste es que el perro es el animal que mejor ha acompañado al hombre.

Las cifras de maltrato animal, no solamente de perros sino de animales salvajes, demuestran la forma en que el ser humano ha desarmado, lastimado y destruido su hábitat. La forma en que hemos acabado con la naturaleza en algún momento nos va a pasar factura, estoy segura de eso. De hecho, ya nos la está pasando.

El maltratador de animales tiene rasgos muy claros. Es un fenómeno que existe con más frecuencia de la que nos gustaría. Hay gente que ni siquiera es consciente de estar lastimando, torturando e infundiendo dolor sobre un animal indefenso.

La diferencia entre la agresión y la crueldad es que la agresión puede ser para defenderte, pero la crueldad incluye el goce y disfrute del sufrimiento ajeno. La crueldad animal, al menos en México, no es castigada ni perseguida con la severidad que debería.

Estamos hablando de personas que representan un peligro para la sociedad. Gente que necesita desquitarse con los más débiles; si no lo hiciera con los animales, lo haría con personas como tú y como yo. Los maltratadores de animales se sienten dotados de algún grado de inteligencia superior al del animal, pero ya los grandes evolucionistas como Charles Darwin o Buffon hablaban con toda claridad de la inteligencia del animal, incluso hay escritores como Dickens que no podrían concebir sus obras sin la existencia de algún perro.

También es importante mencionar la inteligencia de los delfines, el maravilloso cerebro de los pulpos, la seducción de los gatos, la belleza de los animales salvajes. Se desconoce en qué momento los dingos y el perro salvaje africano se separaron de los seres humanos y no permitieron su dominio sobre ellos...

Hay rasgos fundamentales en el maltrato animal o, al menos, rasgos que logran perfilar a una persona capaz de maltratar a un animalito.

El perfil del maltratador animal busca proyectar sus complejos, frustración e impotencia sobre un animal, ya que no pueden hacerlo en sociedad. Por un lado, muestra la autoridad y enseña la sumisión que le gustaría que le rindieran, pero que la sociedad no le ha rendido. Por otro lado, enseñar sumisión e infundir temor tiene que ver con la sumisión y temor que él siente por otras personas.

Por lo general, hacer daño como diversión engendra cierto grado de psicopatía. Sentir placer de ver sufrir a otra persona o animal, ya sea como parte de un espectáculo o de manera privada es un signo de crueldad. Aquí quiero afirmar que las peleas de perros, toros, gallos, etcétera. son un tipo de maltrato animal. Por desgracia, la mayoría de las personas que maltratan animal son jóvenes.

En México ha habido dos casos recientes que espero que no se nos olviden (por desgracia, los mexicanos somos de memoria corta). Creo que debemos darles seguimiento.

El primero ocurrió afuera de una carnicería en un municipio del estado de México. Un hombre lanzó un perro a un cazo con aceite hirviendo después de una discusión agresiva. El perro murió horas después con una agonía y un sufrimiento terrible. Días después, el hombre fue detenido en la alcaldía Coyoacán debido a la presión mediática que se hizo en redes sociales. Al parecer el perrito tenía familia (a mí no me gusta decir "dueños" porque no me siento dueña de un perro, me siento su familia).

El segundo ocurrió en una escuela en Puebla. Una adolescente adoptó un perrito y lo torturó clavándole cosas en la panza (se habla de que fueron varios perros en distintos momentos, incluso que los mató a balazos). Además de llevar a cabo la tortura y el asesinato, subió a redes sociales fotos y videos de lo que ella consideraba "sus hazañas". Esta chica tiene 16 años y hay lagunas legales por las cuales no le pueden dar un castigo ejemplar.

Como sabemos, casi todos los psicópatas y asesinos seriales primero fueron crueles con los animales, desde arrancarles la piel hasta matarlos a golpes (mientras lo escribo debo cerrar los ojos para no llorar por el dolor que me causa). Por eso, las personas que maltratan animalitos representan un peligro para la sociedad. En redes sociales, cuando he subido fotografías denunciando el maltrato animal, algunas personas me han dicho que lo mejor es no hablar del tema. Me parece terrible e irresponsable cerrar los ojos ante esa realidad.

Por fortuna, la mayoría de las personas le dieron la visibilidad necesaria para que se le diera seguimiento al tema. No podemos cerrar los ojos a toda una realidad que es muy dolorosa. Además, la única manera en que podemos ayudar es dándole visibilidad y pidiendo castigo como sociedad civil, así como fomentar la creación de leyes que castiguen el maltrato animal. En otros lugares del mundo, como en la Unión Europea, tienen contemplado penas y sanciones severas a quien se atreva a maltratar un animal, pero en México no.

Y si el debate es, ¿estas personas representan un peligro para la sociedad? la respuesta es:

> Sí, los maltratadores de animales son un peligro para la sociedad.

Grafología de un maltratador de animales

Lenguaje corporal de un maltratador de animales

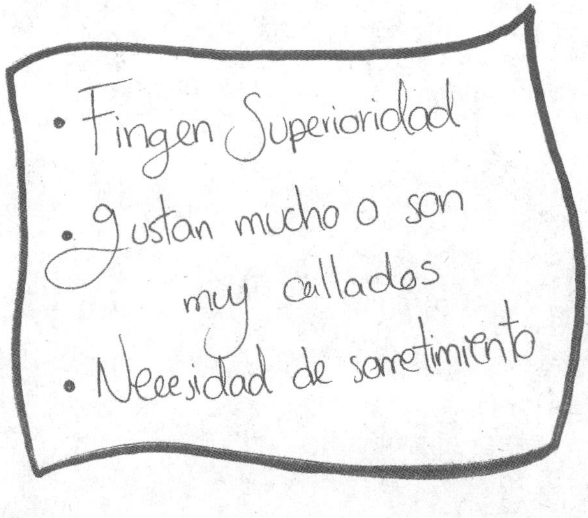

Segunda parte

MALDAD Y EMOCIONES

CAPÍTULO 7
Envidia

El envidioso puede morir,
pero la envidia nunca.
MOLIÈRE

La envidia es una emoción compleja que ha manteniendo ocupados a los seres humanos durante siglos. Es una respuesta natural que tiene consecuencias tanto positivas como negativas. En los últimos años, los avances en neurociencia han arrojado nueva luz sobre los mecanismos psicológicos y fisiológicos subyacentes a la envidia, revelando cómo repercute en nuestra salud mental y física.

Este sentimiento instintivo que poseen todos los seres humanos se manifiesta de formas distintas, por ejemplo, celos o resentimiento hacia los logros, las posesiones o el éxito de otra persona. Este sentir se desencadena por diversos factores, como las posesiones materiales, el estatus social o el éxito profesional. Es una emoción poderosa que tiene consecuencias negativas en las relaciones personales y en las profesionales. Ya sea que experimentes celos del éxito de un amigo o que codicies las posesiones de un colega, la envidia provoca sentimientos de resentimiento, amargura, depresión, incluso ira.

También se manifiesta cuando anticipamos una amenaza potencial ante algo que consideramos nuestro. Es una reacción natural ante circunstancias que nos hacen sentir vulnerables, como el miedo a que una pareja o un amigo se alejen. Esta emoción no es exclusiva de los adultos, también la experimentan personas de todas las edades, como niños y jóvenes.

A pesar de la connotación negativa que suele asociarse a ella, la envidia también puede ser beneficiosa. A veces, sirve de motivación para la superación personal. Otras veces, actúa como salvaguarda, alertándonos de que algo no va bien en una relación o una situación. Para evitar que se vuelva tóxica y dañe las relaciones, es esencial aprender a gestionarla. Reconocer y comprender nuestro sentimiento innato de envidia es el primer paso para controlarlo y darle un buen uso.

Ya sea que tú sientas envidia o que seas el blanco de la envidia de otra persona, comprender la psicología de esta emoción te ayudará a navegar por ella de un modo más saludable.

La envidia aparece porque pensamos y somos conscientes de nuestra existencia. Surge cuando nos comparamos con los demás y tenemos una sensación de carencia o inferioridad. Pero puede superarse desarrollando un sentido más profundo de autoconciencia, aceptación y gratitud.

Al igual que cualquier otra emoción, la envidia produce respuestas físicas y mentales que se sienten en todo el cuerpo.

De manera fisiológica, estas respuestas van desde cambios en la frecuencia cardiaca, transpiración y tensión muscular... hasta sensaciones de malestar o incomodidad. Estas respuestas fisiológicas se producen porque el cerebro percibe un peligro y activa el sistema defensivo del organismo. Lo anterior desencadena una respuesta de lucha o huida, lo que provoca descargas de adrenalina y un mayor estado de alerta

De manera mental, la envidia conduce a pensamientos o comportamientos autodestructivos que hieren a los demás para sentirse mejor o superior. También provoca ansiedad e inseguridad, lo cual lleva a sentimientos de incompetencia o falta de autoestima. A veces, las emociones y sensaciones negativas asociadas con la envidia generan depresión, por eso es importante reconocer estos sentimientos lo antes posible.

Lenguaje corporal de la persona envidiosa

Una persona que te tiene envidia buscará estar cerca de ti, pertenecer a tu círculo de amigos, incluso fingirá estar más al pendiente.

La sonrisa se volverá una sonrisa social, por eso pon atención a los músculos cigomáticos. Antes de reír se va a escuchar un pequeño quejido porque no tiene ganas de reírse contigo, en realidad lo hace por conveniencia, incluso le da coraje verte bien.

El código de la voz: está demostrado que cuando sentimos envidia por alguien hacemos una voz más suave y más aguda porque nuestra área cerebral racional se está controlando.

En algunos momentos, los ojos se pondrán en blanco, enseñando la esclera (la parte blanca del ojo), como si alzara la mirada e hiciera un círculo.

Grafología de la persona envidiosa

Su escritura es muy redonda y ancha ya que la envidia viene de compararse con los demás.

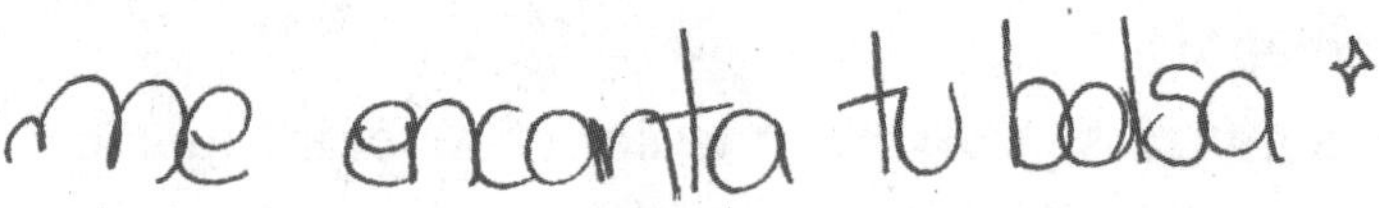

CAPÍTULO 8
Celos

Los celos son una emoción compleja y polifacética. Ya sean recelos, miedo a perder algo o inseguridad, los celos se manifiestan de diversas formas.

El sentimiento de recelo o codicia hacia alguien que tiene algo que deseamos es una emoción intrincada que ha sido muy estudiada durante años. A menudo se percibe como una emoción negativa, pero también puede ser una forma de motivación para mejorar y progresar. Es esencial comprender las distintas categorías de celos y las inspiraciones que hay tras ellas para controlar y superar eficazmente sus efectos indeseables.

Las personas con tendencias celosas poseen ciertos rasgos comunes. Una característica importante es la inseguridad, surgida de experiencias pasadas o de la falta de fe en sí o en los demás. Esta inseguridad conduce a pensamientos y comportamientos destructivos.

La dependencia emocional también es una característica destacable del tipo celoso. Pueden depender de su pareja o de sus amigos para obtener apoyo mental y sentirse amenazados si sienten que no se les proporciona dicho apoyo. Además, esas personas suelen carecer de confianza en los demás y mostrar sospechas o paranoia, incluso hacia su pareja.

La baja autoestima también está relacionada con los celos. Estas personas pueden tener un discurso negativo sobre sí y sentir que no son dignas de su pareja o que ésta las dejará por otro individuo. Esto provoca sentimientos de inutilidad y la necesidad de que su pareja las tranquilice de manera constante. En resumen, las características de una persona celosa son intrincadas y tienen implicaciones sustanciales para sus relaciones y su bienestar general.

El miedo al abandono también provoca emociones poderosas en la gente que, a menudo, se manifiestan como celos. Esas ansiedades tienen su origen en experiencias vitales anteriores, como la infidelidad, o en la falta de confianza en la relación. Los factores externos, como las redes sociales o las interacciones en el lugar de trabajo, también son catalizadores de sentimientos de inseguridad y duda.

Los celos son una emoción que todo individuo experimenta en algún momento de la vida. Es un sentimiento complejo que se manifiesta de distintas formas, dependiendo de la situación y de la persona implicada. Hay celos adaptativos (relacionados con el apego y el miedo a perder a la persona amada) y celos inadaptativos (impulsados por la inseguridad y la desconfianza).

Aunque los celos son un sentimiento natural, si no se gestionan de manera correcta llevan a comportamientos posesivos y controladores que erosionan la confianza y causan resentimiento. Es importante reconocer y abordar estos sentimientos antes de que se vuelvan un problema grave.

Celotipia

La celotipia es un trastorno psicológico caracterizado por sentimientos irracionales y obsesivos de sospecha y celos hacia la pareja o los amigos. Este trastorno causa estragos en las relaciones, las familias, incluso en las carreras profesionales. En especial, es muy peligroso cuando va acompañado de pensamientos distorsionados y delirios. Por desgracia, este trastorno sigue envuelto en tabúes, por lo que mucha gente no es consciente de su existencia.

La celotipia es un trastorno psiquiátrico caracterizado por el miedo extremo e infundado a que alguien te sea infiel. También se conoce como celos patológicos o morbosos. Este problema se relaciona con una serie de delitos, incluidos los más graves, como el asesinato.

Síntomas

- Miedo irracional a la infidelidad.
- Pensamientos obsesivos intrusivos de traición, ansiedad y depresión por traición.
- Preocupación excesiva por la posibilidad de que la pareja le sea infiel y sensación de amenaza (aunque no haya pruebas de ello).
- Intentos extremos de controlar a la pareja.
- Irritabilidad, ira, incluso arrebatos violentos o agresiones físicas.
- Comportamientos controladores y conversaciones intrusivas con la pareja para intentar obtener consuelo y validación.
- Celos extremos.
- Acusaciones de infidelidad.
- Vigilancia de las actividades y conversaciones de la pareja.
- Exigencia de acceso exclusivo al tiempo de la pareja.
- Sospecha de cualquier contacto que la pareja tenga con otras personas.

Aunque se desconoce la causa exacta de la celotipia, se cree que tiene un componente genético y ambiental. Los expertos consideran que las personas con celotipia tienen mayor riesgo de desarrollar otros trastornos psicológicos, como depresión y ansiedad. Además, las investigaciones sugieren que los patrones de apego también desempeñan un papel en el desarrollo de este trastorno. Esto significa que las personas con celotipia experimentaron dificultades en relaciones anteriores o, cuando eran niños, tuvieron un estilo de apego inseguro con sus padres.

Las investigaciones recientes sobre la celotipia también sugieren una relación con la neurobiología. Este campo de investigación ha identificado áreas cerebrales y neurotransmisores específicos que pueden estar asociados a este trastorno. Esta investigación se encuentra aún en sus primeras fases, pero ha aportado nuevos conocimientos sobre las causas subyacentes de la celotipia.

El tratamiento de la celotipia suele incluir psicoterapia, medicación y una combinación de ambas. La psicoterapia incluye terapia cognitivo-conductual (TCC) para ayudar a la persona a identificar y cuestionar patrones de pensamiento distorsionados e irracionales. También implica un entrenamiento en comunicación para ayudar a mejorar las relaciones con la pareja, familia y amigos. A veces, se recetan medicamentos para reducir los síntomas y proporcionar una capa adicional de apoyo durante el tratamiento, algunos son antidepresivos y ansiolíticos, como los inhibidores selectivos de la recaptación de serotonina (ISRS).

Es importante que las personas con celotipia busquen ayuda profesional lo antes posible para asegurarse de que el trastorno no se agrave y lleve a comportamientos peligrosos. Si siguen las recomendaciones del tratamiento, pueden aprender a controlar sus síntomas y disfrutar de relaciones sanas.

La celotipia es un trastorno psicológico caracterizado por un miedo infundado e irracional a la infidelidad. A pesar de su gravedad, sigue estando rodeada de estigmas, lo que dificulta que la gente busque apoyo. Por fortuna, con la ayuda adecuada, las personas con celotipia aprenden a controlar sus síntomas y evitan comportamientos peligrosos. Con la combinación adecuada de psicoterapia y medicación, es posible tener relaciones sanas y satisfactorias.

Grafología de la persona celotípica

¡¡HUYE!! SI ES ANGULOSO (Puede ser) violento

HOLA MI AMOR ¡SOS! 

Lenguaje corporal de la persona celotípica

MUY Grande (Celoso territorial)

Te amo (Celoso INSEGURO)

CAPÍTULO 9
Narcisismo

Adriana Ortiz Barraza, psicoanalista y escritora, en "Narcisismo: una revisión desde el psicoanálisis" nos dice que el concepto referente al narcisismo es muy amplio. Por lo general, se ha usado con una connotación negativa, pero es necesario para la formación de una autoestima adecuada, ya que representa el amor hacia sí mismo.

En 1914, Sigmund Freud, el padre del psicoanálisis, utilizó este término en *Introducción al narcisismo,* retomando el concepto de la mitología griega.

En el mito, se dice que Narciso era un joven muy hermoso, engreído y soberbio. Las mujeres se enamoraban de él, pero siempre las rechazaba. A manera de castigo, la diosa de la venganza divina, Némesis, hizo que se enamorara de su propia imagen. Entonces vio su reflejo en un río y al querer ir a buscar ese bello reflejo, Narciso cayó al agua y se ahogó. Cuenta la historia que en el lugar donde se arrojó, creció una hermosa flor blanca que conocemos como narciso.

Desde el psicoanálisis, el concepto de narcisismo se refiere al amor hacia uno mismo, cabe mencionar que en aquella época (1914) aún no se utilizaba el término de "autoestima".

Otros especialistas, como el psicólogo Alfred Binet, lo relacionaban con el fetichismo, donde el deseo sexual se dirigía hacia el cuerpo propio. Havelock Ellis, por ejemplo, usaba el concepto para describir el comportamiento sexual perverso.

Lo anterior nos permite observar que ya desde el siglo pasado había una gran necesidad de explicar ciertos fenómenos relacionados con el exceso de amor hacia uno mismo. Eso sin mencionar que desde el siglo XVI se hablaba de los "Narcisos":

> "Por Narciso se puede entender cualquier persona que recibe mucha vanagloria y presunción de sí mismo y de su hermosura o fortaleza o de otra gracia alguna, de tal manera que, a todos estimando en poco y menospreciándolos, cree no ser otra cosa buena salvo él solo, el cual amor propio es causa de perdición."
>
> Juan Pérez de Moya.

Algunas de las causas que promueven la formación del narcisismo tienen su origen en la infancia, cuando los padres sobrevaloran las capacidades y cualidades de los hijos, mencionando frases irreales de manera constante como: "Eres el niño más inteligente del mundo", "no hay nadie mejor que tú", "eres la niña más bella del planeta". Quizá estas frases parecen inofensivas, pero transmiten un mensaje que decepciona mucho al pequeño cuando el mundo le dice que la realidad es distinta.

Dentro de las causas también encontramos a padres demasiado complacientes con sus hijos, obstaculizando que se genere uno de los aspectos más importantes en la vida del ser humano: la frustración. Ya que, al frustrarse, la persona comienza a fortalecer su mente porque se estimula la capacidad de demora, la autorregulación, el esfuerzo y la creatividad, entre muchos otros beneficios.

La frustración enseña al pequeño ser humano en desarrollo que existen otras personas, que no sólo importa lo suyo y que no puede explotar a los demás para sus fines.

Hay cuatro aspectos fundamentales respecto a la forma en la que se deben satisfacer las necesidades (exigencias, demandas) de la persona narcisista:

- De manera total.
- De la forma precisa en que las solicita.
- De manera inmediata.
- Siempre desea más, nunca es suficiente lo que se le da.

En la película *Charlie y la fábrica de chocolate*, vemos los componentes mencionados en el personaje de "Veruca Salt" y sus demandas al padre. Éste la complace en todo lo que desea, sin límites, ni empatía por los demás, lo que genera un carácter egoísta y caprichoso en la pequeña.

De ahí que, a las personas narcisistas, les cuesta establecer relaciones profundas con los demás, porque no los ve, no son importantes; sólo se puede mirar a sí mismo, como Narciso en el reflejo del agua.

Narcisismo patológico

Como mencioné existe un narcisismo que puede considerarse normal, porque ayuda a construir la autoestima, no busca aprovecharse del otro, ni perjudica a nadie.

Pero existe el narcisismo patológico, que se caracteriza porque sus relaciones son, literal, de explotación: las demás personas están ahí para satisfacer sus necesidades, deben obedecer a "su majestad", ya que su *self* es grandioso.

Por eso el narcisista patológico busca relaciones de pareja que lo alaben o que tengan algo especial que presumir a los demás, como si fueran un trofeo que le pertenece, pero siempre las colocará en un segundo plano, ya que nadie es lo suficientemente bueno para él. Suelen tener relaciones superficiales, poco duraderas.

La realidad es que, aunque al principio suele mostrarse amable, seductor y hasta bondadoso... termina por revelar su verdadera personalidad cuando la otra parte le pide atención y afecto. Esto sucede porque en su mundo psíquico el otro es de su propiedad, es una extensión de sí mismo, no tiene deseos, ni necesidades propias.

Desde el punto de vista clínico y mediante la clasificación del Manual Diagnóstico de las Enfermedades Mentales DSM V, nos encontraremos con criterios específicos para determinar si alguien tiene un Trastorno de Personalidad Narcisista. Dentro de las principales características que lo definen encontramos tres:

- La soberbia.
- La arrogancia.
- La altanería.

Estos aspectos le sirven para asegurar la sobrevaloración del Yo o del *self*, situándose siempre en la grandiosidad. A través de ellos, irá desvalorizando a las personas y despreciando al prójimo. Lo que, en realidad, es una proyección de sus inseguridades y devaluaciones, depositadas en alguien más.

De manera estadística, este tipo de trastorno mental es padecido en su mayoría por varones, apareciendo por lo general en la adolescencia.

A continuación, se presentan los criterios clínicos (DSM V), para diagnosticar un trastorno de personalidad narcisista.

> "El Trastorno Narcisista de Personalidad (DSM – 5) se caracteriza por un patrón dominante de grandeza (en la fantasía o en el comportamiento), necesidad de admiración y falta de empatía, que comienza al principio de la edad adulta en distintos contextos."

Y añade que este modelo se caracteriza por 5 o más de los siguientes aspectos:

- Un sentido exagerado e infundado de su propia importancia y talentos.
- Preocupación por fantasías de logros ilimitadas, influencia, poder, inteligencia, belleza o amor perfecto.
- Creencia de ser especial, único y de que sólo debe asociarse con personas del más alto nivel.
- Necesidad de ser admirado de forma incondicional.
- Sentido del derecho o sentirse con derecho.
- Explotación de los demás para lograr sus propios objetivos.
- Falta de empatía.
- Envidia a los demás y creencia de que otros lo envidian.
- Arrogancia y soberbia.

El tratamiento indicado ante este tipo de pacientes es la psicoterapia. Aunque resulta muy complicado que acepten el problema e intentarán devaluar al especialista hasta abandonarlo.

Grafología de la persona narcisista

Así suelen firmar las personas narcisistas, de forma ascendente de izquierda a derecha y hacia arriba, con firmas grandes, angulosas y anchas, de esta manera suelen firmar los dictadores.

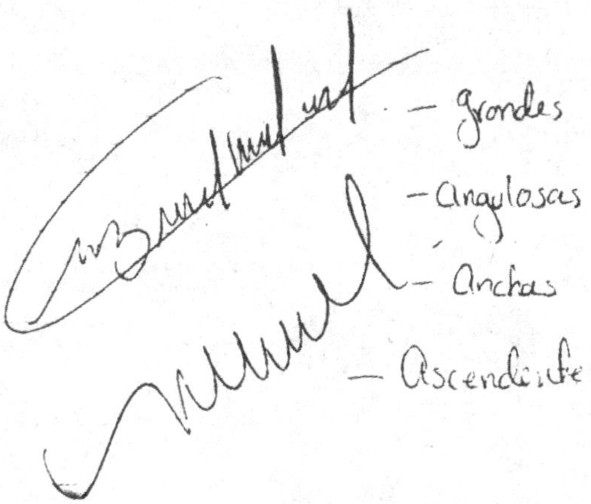

Algunos personajes de la historia con una esencia narcisista son Hitler, Mussolini, Mao Zedong; también abundan en el medio del espectáculo y los deportes. La siguiente es una muestra de letra de un narcisista.

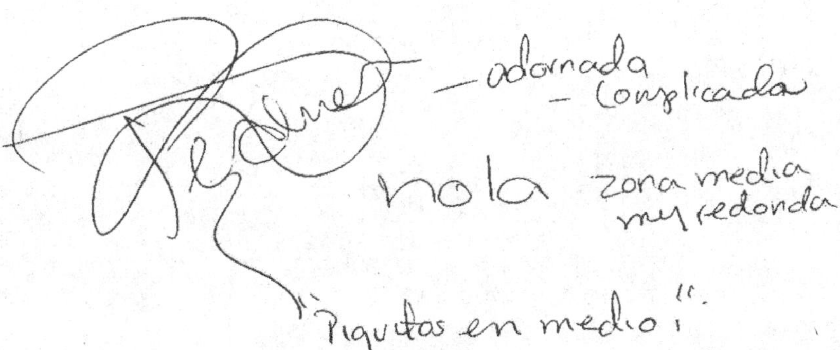

CAPÍTULO 10
Depresión

La depresión es un trastorno mental complejo que ataca a millones de personas en todo el mundo. Afecta las emociones, los pensamientos y el comportamiento de una persona, provocando una angustia significativa y un deterioro del funcionamiento diario.

El estudio de la depresión desde una perspectiva científica ha crecido muy rápido a lo largo de los años y el campo de la neurociencia desempeña un papel crucial en la profundización de nuestra comprensión de esta afección. En este capítulo, nos adentraremos en el fascinante mundo de la neurociencia de la depresión, explorando su fisiopatología, el papel de la serotonina y los diversos factores de riesgo asociados al desarrollo de este trastorno debilitante. Exploremos la relación entre las emociones, la ciencia y el cerebro en este apasionante tema de la neurociencia; cómo es que se manifiesta la depresión.

La depresión clínica o Trastorno Depresivo Mayor (MDD por sus siglas en inglés) es un trastorno incapacitante caracterizado por sentimientos persistentes de abatimiento, falta de interés por las actividades cotidianas y una serie de síntomas físicos y emocionales. Las personas con MDD experimentan un deterioro considerable en su vida cotidiana, así como un elevado riesgo de suicidio, carga física y discapacidades. En realidad, alrededor de 20% de los estadounidenses sufrirán un episodio depresivo mayor en algún momento de su vida, lo que la convierte en una de las afecciones mentales más predominantes en el país. A pesar de su amplia incidencia, el MDD se sigue malinterpretando, lo cual evita que mucha gente busque ayuda.

Conocer los síntomas del MDD es vital para obtener un diagnóstico preciso y un tratamiento eficaz. Los indicios de depresión varían de una persona a otra, pero suelen incluir sentimientos de abatimiento, impotencia, culpabilidad e inutilidad. Las manifestaciones físicas incluyen alteraciones del apetito, problemas de sueño, agotamiento y dolor crónico. Los signos de depresión en los ancianos son diferentes o menos perceptibles, lo que dificulta aún más su diagnóstico y tratamiento.

Es esencial reconocer que la depresión es una enfermedad polifacética que afecta todos los aspectos de la vida y conduce a pensamientos suicidas. Al comprender los indicios y síntomas de la MDD, las personas pueden dar el paso inicial para recibir la ayuda que necesitan para controlar su trastorno y mejorar su calidad de vida en general.

La fisiología subyacente del MDD implica una serie de elementos biológicos, mentales y sociales interconectados que contribuyen al desarrollo y persistencia de la enfermedad. Una parte importante de la fisiopatología del MDD es la alteración de los sistemas de neurotransmisores del cerebro, en particular los de serotonina, norepinefrina y dopamina.

Los estudios revelan que las personas con MDD tienen niveles reducidos de serotonina y norepinefrina en determinadas zonas del cerebro, lo que provoca una serie de síntomas como tristeza, pérdida de entusiasmo en las actividades, fatiga y dificultades para dormir. El mal funcionamiento de estos sistemas de neurotransmisores también influye en otras regiones cerebrales relacionadas con el control de las emociones, el control mental y el procesamiento de la recompensa, provocando deficiencias en estos dominios.

Otro factor importante en la fisiopatología del MDD es el papel del estrés y del eje hipotalámico-hipofisario-adrenal (HPA). La tensión persistente provoca un mal funcionamiento del eje HPA que aumenta los niveles de cortisol. Esto tiene numerosas repercusiones en el cerebro y el organismo, como cambios en la plasticidad neuronal, la función inmunitaria y el metabolismo, lo cual contribuye a la aparición y el mantenimiento del MDD.

Investigaciones recientes señalan el papel de la inflamación en la fisiopatología del MDD. La inflamación a largo plazo se relaciona con el MDD y puede estar implicada en la aparición de síntomas depresivos a través de sus efectos sobre los sistemas de neurotransmisores, la función del eje HPA y la plasticidad neuronal. Aparte de eso, otros aspectos como la predisposición hereditaria, las modificaciones epigenéticas y los factores ambientales también están implicados en la fisiopatología del MDD, lo que subraya la naturaleza intrincada y polifacética de este trastorno.

Hipótesis serotoninérgica de la depresión

La teoría de la reducción del equilibrio de serotonina como causa del trastorno depresivo mayor es una de las hipótesis más aceptadas. Postula que una falta o alteración de la serotonina en el cerebro provoca sentimientos de tristeza, desesperanza y ansiedad. Los estudios descubrieron que los inhibidores selectivos de la recaptación de serotonina (ISRS) pueden ser eficaces en el tratamiento del trastorno, insinuando que la disminución de los niveles de serotonina puede estar relacionada con el desarrollo del MDD. Pero no todos los casos de MDD responden a los ISRS, lo que indica que hay otros elementos implicados.

La noción de que la serotonina desempeña un papel en la génesis del trastorno depresivo mayor está muy aceptada, pero aún queda mucho por descubrir sobre su asociación. Investigaciones recientes proponen que otros neurotransmisores, como la dopamina y la norepinefrina, también desempeñan un papel en el trastorno. Además, es esencial tener en cuenta la complicada interacción de la genética, el entorno y la química cerebral en el desarrollo del MDD. Para comprender mejor los fundamentos del trastorno y crear tratamientos más eficaces, es necesario seguir investigando.

> Explorar las diversas teorías sobre el MDD ofrece una visión significativa del trastorno. La hipótesis de la serotonina es sólo un ejemplo de una idea global en la que intervienen diversos componentes. Para comprender el problema y crear terapias más eficaces, es importante tener en cuenta la compleja relación entre los factores bioquímicos, genéticos y ambientales que provocan la depresión.

Factores de riesgo para desarrollar depresión

La depresión es un trastorno polifacético causado por diversos factores de riesgo. Entre los más significativos está la herencia, ya que las investigaciones indican que, con frecuencia, la depresión se transmite de una generación a otra (pero el tener antecedentes familiares de esta enfermedad no significa que vayas a padecerla). Otros factores son el abuso excesivo de sustancias, el estrés duradero y los problemas médicos graves. Padecer cualquiera de estas afecciones puede aumentar de manera significativa la probabilidad de desarrollar depresión, sobre todo en personas predispuestas a padecerla.

Además de los elementos genéticos y ambientales, los elementos psicológicos y sociales también desempeñan un papel en la aparición de la depresión. Las personas que sufrieron traumas, abusos o abandono durante la infancia son más vulnerables. Además, la baja autoestima, los procesos de pensamiento pesimistas y la falta de ayuda social aumentan la susceptibilidad a este trastorno. Es esencial ser consciente de estos factores para identificar a las personas en peligro y proporcionarles el tratamiento y la ayuda adecuados.

No todos los factores de riesgo de la depresión están bajo el control del individuo. Algunos padecimientos, como el cáncer o el dolor crónico, también pueden aumentar las probabilidades de desarrollar depresión. Del mismo modo, la muerte de un ser querido provocar dolor y abatimiento. Aunque estos aspectos están fuera de nuestro control, es importante ser consciente de ellos y buscar ayuda si es necesario.

La prevención y la intervención precoz son esenciales para gestionar el riesgo de esta enfermedad. Esto implica cambios en el estilo de vida, como seguir una dieta equilibrada, hacer ejercicio con regularidad y practicar técnicas para controlar el estrés. Además, acudir a terapia o asesoramiento ayuda a desarrollar métodos de afrontamiento y abordar aspectos psicológicos subyacentes que pueden estar relacionados con el riesgo de depresión. Al ser conscientes de los factores de riesgo y tomar medidas para controlarlos, las personas reducen las probabilidades de desarrollar depresión y mejoran su salud mental en general.

Grafología de la persona depresiva

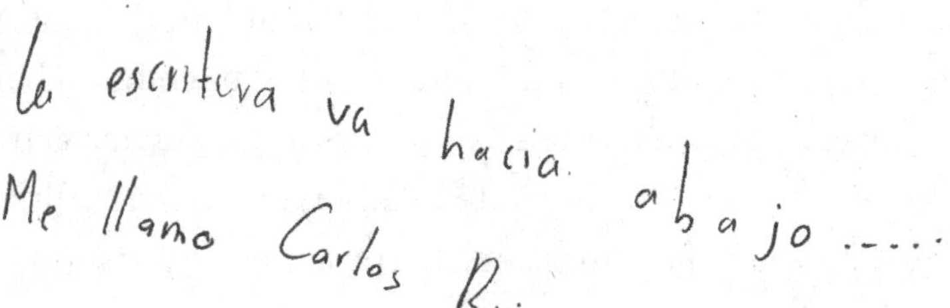

Si es con asiedad es rápida y hacia abajo...
Me llamo Irene Rosas

Si es con enojo e ira hacia abajo y angulosa
Me llamo Luis Linares

Lenguaje corporal de la persona depresiva

CAPÍTULO 11

Ansiedad

La ansiedad es una enfermedad compleja y polifacética que afecta a millones de personas en todo el mundo. Es una sensación de miedo, preocupación e inquietud que se manifiesta a través de una variedad de síntomas físicos y emocionales.

Todos experimentamos ansiedad en algún momento de nuestras vidas. Desde el momento en que percibimos una amenaza o un peligro nuestro cuerpo entra en un estado de activación exacerbado, que desencadena una cascada de respuestas fisiológicas y psicológicas. Es decir, se desencadena por estrés, miedo o incertidumbre.

Tanto si sufres ansiedad leve como un trastorno de ansiedad más grave, comprender los efectos de esta afección en tu cuerpo es un paso esencial para controlar tus síntomas y mejorar tu calidad de vida.

Síntomas

Una de las principales características de este trastorno es la presencia de síntomas tanto físicos como psicológicos. Como se escribió, comprenderlos es esencial para identificar y tratar esta afección de forma eficaz. Esto también ayuda a las personas a reconocer y controlar sus síntomas, lo que conduce a una mejor calidad de vida. Los síntomas más comunes son:

- Aumento del ritmo cardíaco.
- Sensación de nerviosismo, agitación o tensión.
- Sensación de debilidad o cansancio.
- Sensación de peligro inminente, pánico o catástrofe.
- Respiración acelerada (hiperventilación).
- Dificultad para controlar las preocupaciones.
- Sudoración.
- Necesidad de evitar las situaciones que generan ansiedad.
- Temblores.
- Problemas para conciliar el sueño.
- Problemas para concentrarse o para pensar en otra cosa que no sea la preocupación actual.
- Enfermedades digestivas o trastornos del aparato digestivo (GI).

Aunque la ansiedad es ser una respuesta normal al estrés, puede convertirse en un trastorno debilitante que interfiere con la vida cotidiana. Existen varios tipos de trastornos de ansiedad, cada uno con su conjunto de síntomas y desencadenantes, por ejemplo:

- **Agorafobia**: temor a lugares y situaciones que causan pánico o te hacen sentir atrapado, indefenso o avergonzado.
- **Trastorno de ansiedad por enfermedad:** causado por un problema de salud físico.
- **Trastorno de ansiedad generalizada:** preocupación persistente y excesiva por actividades, incluso comunes. La preocupación es desproporcionada, difícil de controlar y afecta tu estado físico.
- **Trastorno de pánico:** episodios repetidos de sensaciones repentinas de ansiedad y miedo o terror intensos que alcanzan un nivel máximo en minutos (ataques de pánico). Sensaciones de catástrofe inminente, dificultad para respirar, dolor en el pecho, latidos rápidos, fuertes o como aleteos (palpitaciones cardíacas).
- **Mutismo selectivo**: incapacidad de hablar en ciertas ocasiones. Esto afecta el desempeño en la escuela, en el trabajo o en la sociedad.
- **Trastorno de ansiedad por separación:** trastorno de la niñez caracterizado por ansiedad excesiva para un niño, se relaciona con la separación de los padres o figuras que cumplen una función paternal.
- **Trastorno de ansiedad social (fobia social)**: altos niveles de ansiedad, miedo o rechazo a situaciones sociales por

sentimientos de vergüenza, inseguridad y preocupación por ser juzgado o percibido de manera negativa.

- **Fobias específicas:** ansiedad cuando la persona se expone a un objeto o situación específicos. A veces, las fobias generan ataques de pánico.
- **Trastorno de ansiedad inducido por sustancias**: ansiedad o pánico intensos como resultado del uso indebido de drogas.

La ansiedad es una experiencia común que afecta a cualquiera en cualquier momento. Es una respuesta natural al peligro o al estrés percibidos, pero cuando se vuelve excesiva y crónica, interfiere en la vida cotidiana y en el bienestar. Comprender los síntomas y tipos de trastornos de ansiedad es crucial para buscar el tratamiento correcto y controlar la afección. Con las herramientas y el apoyo adecuados, es posible superar la ansiedad y vivir una vida plena. Recuerda que buscar ayuda es un signo de fortaleza, no de debilidad.

¿Cuándo consultar al médico?

Consulta con el médico en los siguientes casos:

- Sientes que te estás preocupando demasiado y que esto interfiere en tu trabajo, tus relaciones y otros aspectos de tu vida.

- Tu miedo, tu preocupación o tu ansiedad te causan malestar y te resulta difícil controlarlos.
- Te sientes deprimido, tienes problemas con el consumo de alcohol o drogas, o tienes otros problemas de salud mental, además de ansiedad.
- Piensas que tu ansiedad podría estar vinculada a un problema de salud física.
- Tienes pensamientos o conductas suicidas (de ser así, busca tratamiento de urgencia inmediatamente).
- Es posible que tus preocupaciones no se vayan por sí solas y que empeoren con el paso del tiempo si no procuras ayuda. Visita a tu médico o a un profesional de salud mental antes de que tu ansiedad empeore. Es más fácil tratarla si obtienes ayuda pronto.

Grafología de la persona ansiosa

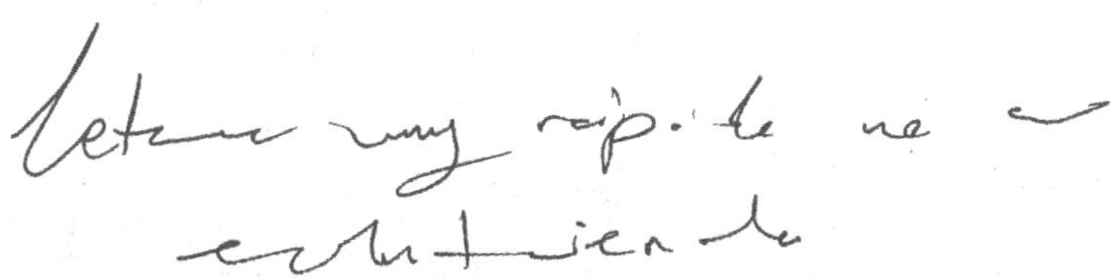

- letra rápida
- se come letras
- parece electrocardiograma

Lenguaje corporal de la persona ansiosa

Estas personas suelen hablar muy rápido; parecen tener mucha prisa, se ríen sin que haya un motivo o razón, actúan y reaccionan rápido, también se imaginan con frecuencia lo peor.

CAPÍTULO 12

Ira

La ira es una emoción básica y universal que todos experimentamos en algún momento de nuestras vidas. Es una respuesta natural a las amenazas, injusticias o frustraciones percibidas y va desde una irritación leve hasta una rabia explosiva. De hecho, se manifiesta de distintas formas según la persona. No importa si te sientes irritado o experimentas una cólera total, lidiar con la ira es algo muy complejo y abrumador.

El enojo, palabra de uso común en Latinoamérica, se define como la sensación desagradable que se experimenta al sentirse contradicho o maltratado por los demás. La ira no expresada provoca diversos problemas de salud, como hipertensión, tensión arterial alta, depresión, incluso se habla de cáncer.

Esta emoción afecta a todos, sin importar edad, sexo o cultura.

La ciencia y la psicología pueden ayudarnos a comprender y gestionar mejor esta poderosa emoción. Si reconocemos las señales de advertencia de la ira y aprendemos estrategias de afrontamiento eficaces, podremos evitar que se apodere de nuestras vidas. De hecho, puedes aprovechar su energía para un cambio positivo.

Aunque es una emoción normal y sana, la ira constante o incontrolada puede tener consecuencias negativas en la salud mental y física, las relaciones y el bienestar general.

Cuando sentimos enojo, es normal experimentar algunas reacciones perjudiciales para nosotros y para quienes nos rodean. Comprenderlas ayuda a regular las emociones y a prevenir los efectos a largo plazo de la ira no gestionada.

Como emoción básica presente en la vida humana, la ira es una fuerza poderosa que nos hace actuar de formas de las que luego nos arrepentimos. Si no se gestiona, la ira puede tener consecuencias negativas, como dañar las relaciones, limitar las oportunidades laborales, influir de forma negativa en la calidad de vida en general, tomar malas decisiones, incluso problemas de salud. Pero controlar la ira de forma eficaz ayuda a regular las emociones, mantener relaciones sanas y llevar una vida más feliz.

Ya sea mediante terapia, ejercicio o prácticas de atención plena, tomar medidas para regular nuestra ira puede conducirnos a una vida más feliz y saludable. Recuerda, no pasa nada por sentir ira, pero es importante expresarla de forma constructiva.

Grafología de la persona iracunda

Lenguaje corporal de la persona iracunda

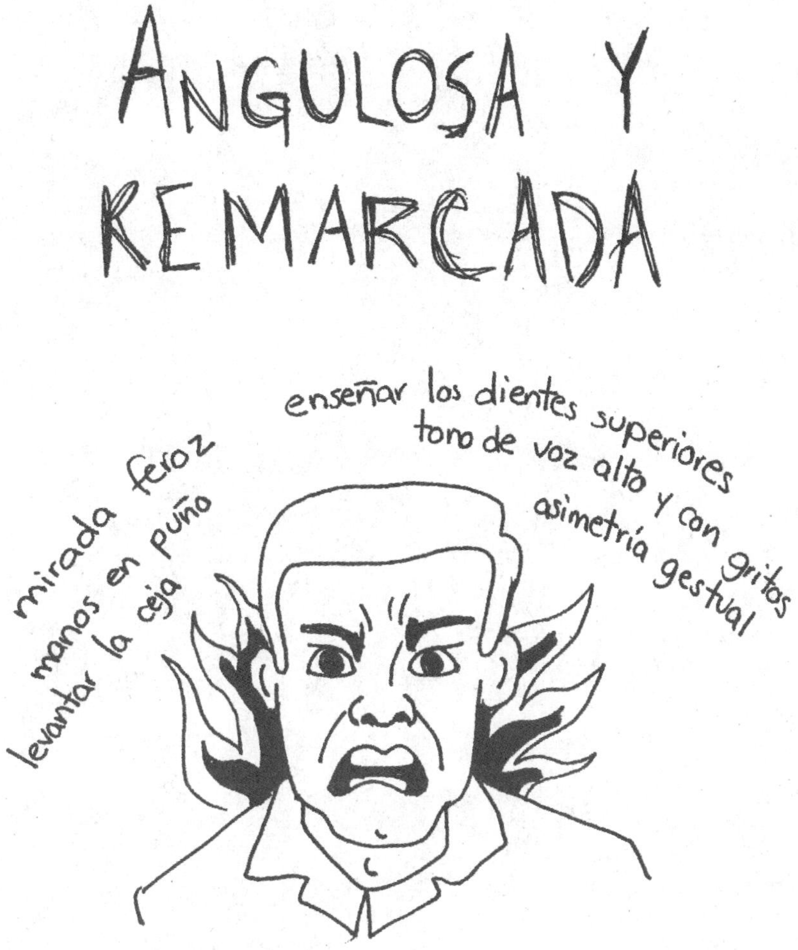

CAPÍTULO 13

Síndrome del impostor

El síndrome del impostor o dismorfia productiva es un fenómeno psicológico que no discrimina entre hombres y mujeres. Se trata de una preocupación constante de ser descubierto como un impostor, lo cual genera un sentimiento de insuficiencia. En pocas palabras, sientes que no eres tan competente como los demás creen. Es una sensación de inseguridad y desconfianza que afecta la vida personal y laboral de cualquier persona.

El origen del síndrome del impostor es complejo, sin una causa identificable. En muchas ocasiones, se relaciona con la infancia, donde la persona recibió comparaciones o excesivas alabanzas por parte de sus padres. También se asocia al historial académico y a la presión parental para obtener buenas calificaciones. Esta problemática se relaciona con la forma en que enseñamos a los pequeños a valorarse y a reconocer sus habilidades. La causa del síndrome del impostor es compleja y no siempre es fácil de determinar.

Sea cual sea el motivo, el síndrome del impostor hace que la persona no sea capaz de reconocer su valía a pesar de sus logros, lo cual tiene un gran impacto en la vida de quien lo padece.

La falta de autoconfianza provoca baja autoestima, ansiedad y depresión. Por eso es fundamental identificar los síntomas del síndrome del impostor y buscar ayuda profesional, en caso necesario.

Síntomas

Los afectados por el síndrome del impostor suelen experimentar una gama de síntomas. Entre los más comunes encontramos:

- Ansiedad.
- Duda sobre su aptitud.
- Perfeccionismo.
- Creencia de que los éxitos se deben a la buena suerte o al engaño a otros.
- Tendencia a minimizar sus logros.
- Temor a las críticas.
- Evitar situaciones que los expongan a la incompetencia.
- Sentirse como un impostor que pronto será desenmascarado.

Estos sentimientos son particularmente desalentadores cuando hay un cambio, como al empezar un trabajo diferente o asumir un nuevo rol. Los síntomas afectan tanto la vida laboral como la personal.

Por suerte, aunque no existe una cura única, es posible tratar el síndrome del impostor. El primer paso para superarlo es identificar los síntomas y buscar ayuda profesional.

Existen varias opciones terapéuticas para cambiar los patrones de pensamiento negativos y reconocer los propios logros.

- La terapia cognitivo-conductual es una de las alternativas más comunes.
- La terapia psicológica para explorar las causas del síndrome del impostor.
- La meditación y el *mindfulness* son útiles para vivir en el presente y no preocuparse tanto por el futuro.

Además de la terapia, he aquí algunas estrategias y consejos útiles para superar el síndrome del impostor:

- Es importante valorarse y aceptar los propios logros, por mínimos que sean.
- Compartir los sentimientos de inseguridad con amigos o familiares de confianza para recibir apoyo emocional y una perspectiva objetiva. Conversar con un amigo de confianza, un mentor o un terapeuta para compartir sentimientos y temores. A menudo, el hecho de verbalizarlos ayuda a comprender la irracionalidad y exageración de estos. Además, contar con alguien que comprenda resulta reconfortante y motivador.
- Establecer metas alcanzables.
- Aprender a decir "no" y a delegar tareas.
- Mantener una actitud positiva ante los errores y fracasos.

- Hacer una lista de tus habilidades y logros (aunque te sientas insignificante o no merecedor de ellos, es importante reconocerlos y apreciarlos).
- Trabajar en lo que piensas de tus logros y habilidades (más que enfocarte en lo que no sabes o no puedes, céntrate en lo que sí puedes).
- No compararte con los demás.
- Apreciar cada logro, por pequeño que sea.
- Aprender de los errores sin asumir la culpa.
- Revisar la lista anterior cada vez que sientas que estás cayendo en la trampa del síndrome.

Recuerda: superar el síndrome del impostor no es una tarea fácil ni rápida. Se necesita constancia, paciencia y esfuerzo para trabajar en el pensamiento y los hábitos. Con perseverancia y el apoyo necesario, es factible superarlo y disfrutar de los logros y habilidades sin sentirse un fraude.

El tratamiento del síndrome del impostor exige un enfoque multidisciplinario y un compromiso por parte de la persona para cambiar sus patrones de pensamiento y comportamiento.

Grafología de la persona con síndrome del impostor

Una persona con síndrome del impostor aparenta tener una firma grande, pero la zona media es pequeña

Por lo general la letra es ancha y la escritura es demasiado rápida. Esto significa que es una persona propensa a la ansiedad.

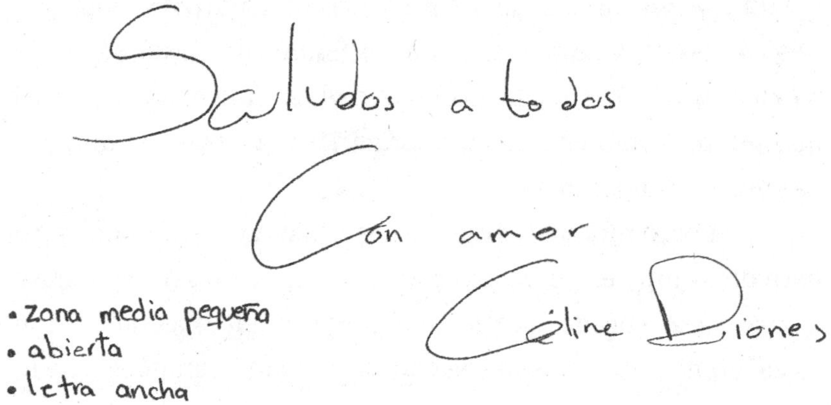

Lenguaje corporal de la persona con síndrome del impostor

Resulta (y resultó en su momento) sorprendente para todos que Shakira (sí, la cantante, sí, la del escándalo de Piqué, sí, la número uno en las listas de popularidad, sí, una de las mujeres más guapas y famosas del mundo) dijera que padecía un poco de síndrome del impostor.

Quizá para muchas personas resultó algo inesperado, pero para otras muy exitosas ocurrió lo contrario: les pareció muy normal. Esto sucede porque muchas veces, en especial las mujeres, no nos sentimos merecedoras de lo que tenemos y de lo que logramos. Siempre pensamos que alguien puede llegar y quitarnos nuestro lugar; vivimos a través del miedo de ser descubiertas y no a través del disfrute de los logros.

CAPÍTULO 14

Heridas de la infancia

Con mucho cariño para Anamar Orihuela,
por los recuerdos de aquella FIL 2019, en el aeropuerto.

La infancia suele recordarse como una época de inocencia y alegría, pero para muchos también fue una época de dolor y trauma. Las heridas de la infancia son patrones que repetimos basándonos en nuestras primeras experiencias, lo que conduce a comportamientos de afrontamiento que afectan nuestras relaciones y nuestra capacidad para resolver problemas. En este capítulo exploraremos cuatro tipos de heridas de la infancia y cómo se manifiestan en nuestras vidas.

Los recuerdos dolorosos del pasado, conocidos como heridas de la infancia, afectan el comportamiento en la edad adulta. Estos patrones son el resultado de experiencias difíciles que conducen a estrategias de afrontamiento que utilizamos en la vida cotidiana. Las heridas de la infancia son las cicatrices emocionales y psicológicas que quedan de las primeras experiencias vitales.

Es difícil identificar estas heridas, ya que pueden presentarse como miedo, ansiedad, ira o depresión. Es esencial comprender la naturaleza de las heridas de la infancia porque obstaculizan nuestra vida e influyen en las relaciones y en la capacidad para resolver problemas.

Las heridas de la infancia se deben a una serie de acontecimientos traumáticos, como el duelo, el traslado, el acoso u otras adversidades. Estos acontecimientos dejan una huella duradera en la salud emocional y mental del niño, dando lugar a pautas que persisten en la edad adulta. Las heridas se manifiestan de diversas formas, como la herida de abandono, que se origina por la falta de amor, cuidados, protección y atención... y conduce al miedo y al aislamiento. Las personas con esta herida pueden volverse dependientes de forma emocional en sus conexiones interpersonales y sociales.

Es importante tener en cuenta que no todas las heridas de la infancia son iguales, y que cada una tiene sus propios efectos y características. En las siguientes secciones, exploraremos los distintos tipos de heridas de la infancia y cómo pueden curarse.

Abandono

Esta herida se deriva de la falta de amor, cuidados, protección y atención durante los años de formación. Provoca un impacto duradero y se manifiesta con sentimientos de abandono, insignificancia y rechazo. Quienes han sufrido este tipo de herida suelen tener un miedo muy arraigado a la soledad, así como una necesidad excesiva de validación y dependencia emocional en las relaciones.

Superar una herida de abandono es difícil porque tiene las raíces en el subconsciente. Las personas que sufrieron esta herida tienen dificultades para establecer relaciones sanas debido a sentimientos de inseguridad y vulnerabilidad. Esto se manifiesta en aferramiento, posesividad o distancia emocional. Pero es importante recordar que la persona no tiene la culpa de la herida y que la curación es posible con la autorreflexión y la comprensión adecuadas.

La terapia es una herramienta muy útil para tratar las heridas de la infancia, ya que ofrece un espacio seguro para trabajar las emociones difíciles y desarrollar nuevas estrategias de afrontamiento. Aunque el proceso de curación suele ser largo y arduo, una persona puede aprender a afrontar el miedo a ser abandonada y a construir relaciones sanas y satisfactorias con los demás mediante la dedicación y autocompasión.

Y cuando hablamos de autocompasión no me refiero a victimizarte o a quedarte en el piso, sino a ser amable contigo, a tratarte con compasión, es decir, con cuidado y con respeto.

Grafología de la persona con herida de abandono

Por lo general, una persona que tiene herida de abandono encierra la firma y la letra se va hacia la izquierda.

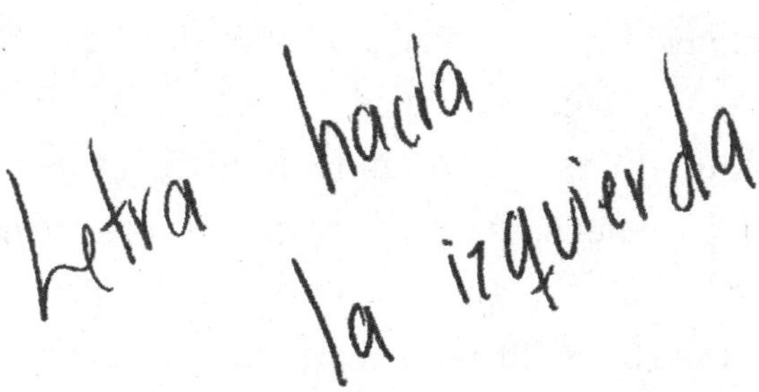

Lenguaje corporal de la persona con herida de abandono

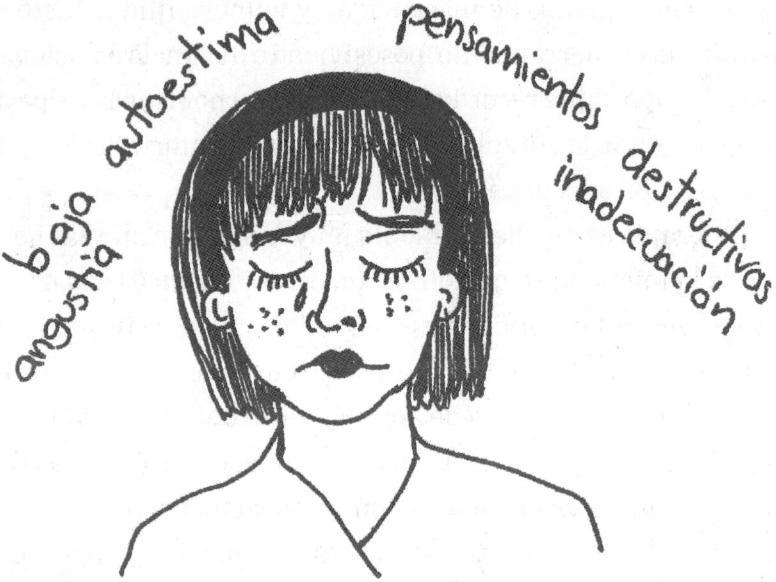

Rechazo

La herida de rechazo es un trauma de la infancia que deja profundas cicatrices. Se deriva de sentirse no querido o no amado por los padres o los compañeros, lo que provoca sentimientos de inadecuación, baja autoestima y dudas sobre uno mismo. Si no se tratan, estas heridas dan lugar a comportamientos autodestructivos, causando toda una vida de angustia.

Por lo general, una persona con herida de rechazo siente que jamás encaja, pareciera que siempre está en el sitio equivocado. Como dice Ismael Serrano, es como si la vida fuera una fiesta a la que nadie se ha molestado en invitarlo.

De acuerdo con Anamar Orihuela (quien elaboró el instrumento DHE), la persona que tiene una herida de la infancia de rechazo:

- Busca estar sola.
- Necesita ser visto haciendo las cosas perfectamente.
- Le cuesta trabajo pedir ayuda.
- Le resulta muy difícil entablar relaciones con personas de su mismo sexo.
- Presenta problemas de salud en vías respiratorias y en la piel.
- Llega a ser demasiado cercana o sobreprotectora.
- Le cuesta trabajo sentir que es importante para los demás.

Grafología de la persona con herida de rechazo

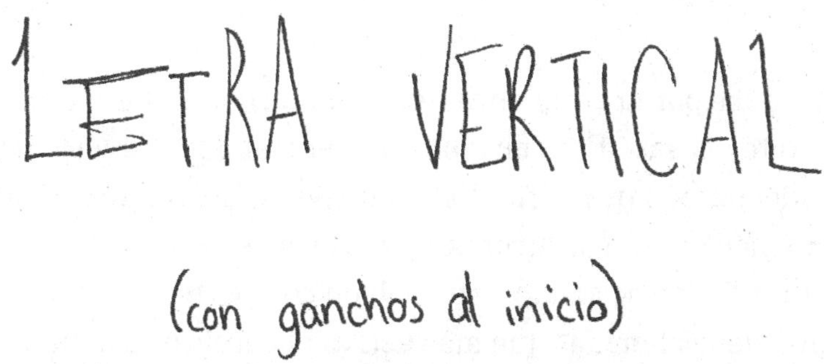

Lenguaje corporal de la persona con herida de rechazo

Parece un roble por la firmeza que aparenta, pero no lo es; suele rechazar antes de que la rechacen; se distingue por ser celosa y su necesidad de control; su firma suele ser angulosa con un triángulo al inicio.

Humillación

Se produce por la vergüenza o el ridículo, como cuando se ríen de ti o te acosan. Esto provoca un sentimiento de vergüenza e inadecuación que dificulta el cultivo de relaciones sólidas. Como mecanismo de afrontamiento, las personas con heridas de humillación se aíslan o se vuelven combativas.

Una de las heridas que más activa el cerebro es la humillación. Esta experiencia nos pone en estado de alerta porque, de acuerdo a la neurociencia, nos hace sentir que estamos fuera de la manada (y nuestro instinto dice que estamos en riesgo de no sobrevivir).

Por lo general, la persona que tiene una herida de humillación:

- Se hace cargo del problema de los demás y acumula culpas.
- Hace más cosas por los demás que por sí mismo.
- Es simpática y trata de hacer reír a los demás.
- Se avergüenza de su cuerpo.
- Tiene mayor tendencia al sobrepeso.
- Convierte la sexualidad en un tema tabú.
- Siente que da mucho y no es correspondida.
- Siente vergüenza por muchas personas e intenta ayudarlas.

Grafología de la persona con herida de humillación

La zona media de la escritura es muy pequeña mientras que la firma parece ser más grande de lo que es en realidad.

Además, los inicios son muy grandes porque representan el pasado

La letra es aplastada en la zona media.

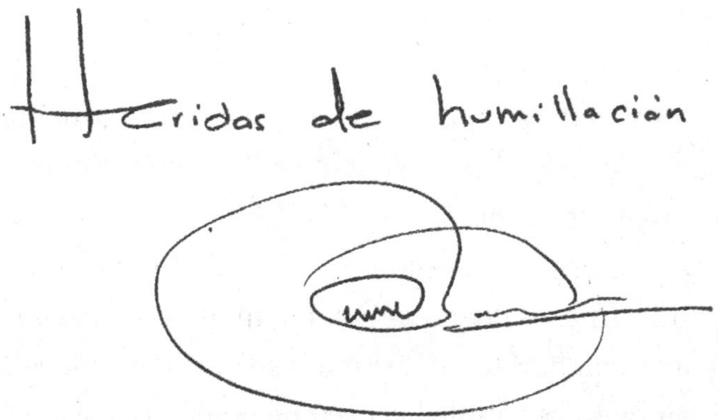

Lenguaje corporal de la persona con herida de humillación

Traición

Este tipo de sufrimiento infantil o herida se inflige cuando alguien en quien se confía causa daño o decepción, como un padre, un amigo o la pareja.

La traición provoca desconfianza y miedo a la vulnerabilidad, lo que dificulta la creación de vínculos. Como defensa, las personas con heridas de traición se vuelven independientes por completo, evitando la cercanía emocional y confiando solo en ellas.

Grafología de la persona con herida de traición

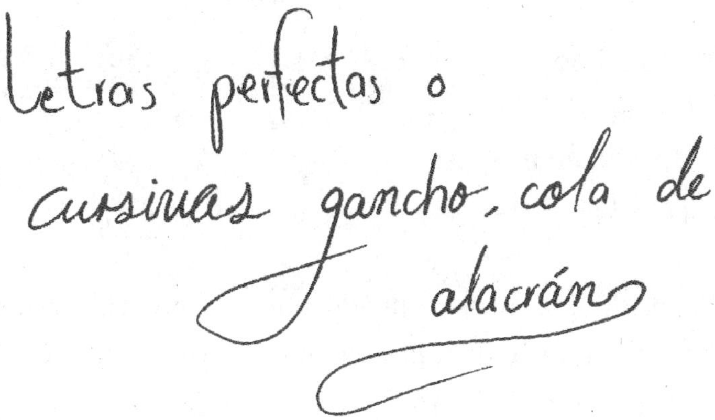

Lenguaje corporal de la persona con herida de traición

Como vimos, los traumas infantiles no curados pueden dejar cicatrices emocionales en forma de cuatro dolorosas heridas:

- Abandono
- Rechazo
- Humillación
- Traición

Cada una de estas heridas puede tener un impacto duradero en la vida de un individuo, provocando sentimientos de soledad, vergüenza y desconfianza.

Sanar las heridas de la infancia

Afrontar y abordar estas heridas es parte fundamental del proceso de curación. El primer paso es identificar qué heridas están presentes y los comportamientos de afrontamiento asociados. El segundo paso es trabajar el dolor y las emociones asociadas con estas heridas.

Curar las heridas de la infancia requiere autoconciencia y conocimiento del origen de la lesión. Reconocer las convicciones y el comportamiento que se derivan de la herida ayuda a las personas a evitar pautas que ya no son ventajosas. Es esencial tener en cuenta que este proceso es un viaje y que llevará tiempo recuperarse por completo.

Un enfoque eficaz para tratar las heridas de la infancia es la terapia. Al sentirse en un entorno seguro y de apoyo, las personas exploran sus emociones y creencias y se enfrentan al dolor de experiencias pasadas. Los terapeutas ayudan a reconocer y refutar los pensamientos y comportamientos pesimistas, a formar estrategias de afrontamiento sólidas y a reforzar la autoestima. Además, la terapia de grupo es buena para las personas con heridas de la infancia porque crea un sentimiento de pertenencia y reconocimiento.

¡Cuídate!

El autocuidado es otro factor importante en la curación de las heridas de la infancia. Cuidarse uno mismo implica:

- Ocuparse de las necesidades físicas, emocionales y psicológicas.
- Participar en actividades que produzcan placer.
- Practicar *mindfulness* y meditación.
- Cultivar relaciones sanas.
- Establecer límites sanos.
- Dar prioridad al respeto por uno mismo.

Al dar prioridad al autocuidado, las personas empiezan a reconstruir un sentimiento de seguridad y confianza en sí y en los demás.

El camino hacia la recuperación no es fácil… requiere tiempo y esfuerzo. La terapia, los grupos de apoyo y las prácticas de autoayuda son inestimables en el proceso de curación. Es importante recordar que la sanación no es lineal y que pueden producirse retrocesos. Pero con paciencia y perseverancia es posible llevar una vida libre de los impactos negativos de este tipo de traumas.

A continuación, vamos a explorar la historia, la mente y el lenguaje de dos mujeres con heridas de la infancia. El perfil de Juana Barraza que presento a continuación fue realizado por Efrén Esqueda.

Juana Barraza

Su sobrenombre, la “Mataviejitas”, se hizo famosa tras su captura en 2006 y dio rostro al personaje de la asesina en serie. Juana Barraza fue condenada a 759 años de prisión por el asesinato de 16 ancianas y 12 robos en la Ciudad de México. Se cree que asesinó a 49 mujeres, pero sólo le pudieron confirmar 16 gracias a la relación con evidencias y el ADN. De hecho, se habla de que mató a 12 viejitas en 2002, 17 en 2004 y 11 en 2005.

Nació en Epazoyucan, Hidalgo, el 27 de diciembre de 1957. Su padre, Trinidad Barraza Ávila, era un ganadero de una zona rural en Hidalgo y cuando creció fue cobrador de camiones, llegó a tener más de 30 hijos con diferentes mujeres y a muchos no los reconoció. Su madre, Justa Samperio, era una alcohólica que se prostituyó desde los 13 años. Conoció a Trinidad, se juntaron y vivieron en unión libre. Duraron cinco años juntos y tuvieron dos hijas (Juana y Ángela) a las que nunca procuraron ni atendieron.

Cuando los padres se separaron y Trinidad abandonó a la familia, entregaron a Ángela (la hermana menor) con un familiar paterno para que la cuidara. Juana se quedó sola con su madre, quien siempre fue descuidada, la maltrataba, le daba pocas veces de comer y prefirió continuar con sus adicciones alcohólicas y estar en reuniones con otras personas.

Juana nunca fue a la escuela, por ende, no sabía leer ni escribir.

Cuando tenía trece años, su madre, en una reunión con sus amigos alcohólicos, la vendió con José Lugo. El hombre de 40 años pagó la módica cantidad de tres cervezas. Este pedófilo que le triplicaba la edad a Juana, tuvo a su disposición una niña que carecía de capacidades de razonamiento y educación. Durante cuatro años, Lugo abusó sexualmente de Juana. La mayor parte de su estancia en esa casa, Juana estuvo como secuestrada, amarrada casi todo el tiempo a una cama. A los trece años se embarazó de Lugo, pero la obligó a abortar de forma clandestina. A los dieciséis años se volvió a embarazar de él y tuvo al bebé: José Enrique Lugo Barraza. Es evidente que la etapa de juventud de Juana no fue fácil. Meses después del nacimiento de su primer hijo, escapó de ese infierno gracias a la ayuda de un amante que tenía.

A finales de la década de 1970, la madre de Juana murió de cirrosis. La futura "Mataviejitas" no fue al entierro porque generó un gran odio y resentimiento hacia ella.

A los dieciocho años, Juana decidió irse a vivir con su hijo a la Ciudad de México, donde inició una nueva vida trabajando como empleada doméstica, vendiendo gelatinas y ropa en la calle. Durante una temporada trabajó en una fábrica de chocolate. Tuvo una pareja, pero el hombre era alcohólico, golpeador y se aprovechaba de la poca inteligencia de Juana para quitarle lo que tenía de dinero. Después tuvo otra pareja problemática, un chofer de camiones que la abandonó por dedicarse al narcomenudeo. A los 23 años se casó con Miguel Ángel Barrios García y tuvo a su segunda hija: Erika Erandi Barrios Barraza, pero se separaron cuando Juana cumplió 29. Después, de los 30 a los 41 años vivió con Félix Juárez Ramírez y tuvo dos hijos.

Para mantener la economía de su casa y el cuidado de sus cuatro hijos, Juana se dedicó a vender palomitas y *snacks* en un *ring* de lucha libre, ahí empezó su interés por ese deporte.

Uno de los encargados le propuso ser luchadora y la indujo al mundo profesional del cuadrilátero. Su complexión física le facilitó el aprender las técnicas de lucha. Así creó su personaje, llamado "La dama del silencio" porque era una mujer muy callada. Su traje característico era rosa con una máscara negra de mariposa. Todo iba bien, pero en 1995, tras una mala caída en un *ring*, el doctor le prohibió continuar en la lucha.

Desesperada y sola empezó a robar artículos de tiendas y partes de autos para mantener a sus hijos. En 1998, una pandilla asesinó a su hijo mayor en plena calle, José Enrique Lugo Barraza tenía veinticuatro años. Es posible que este evento sea el detonante que la incitó a matar.

Juana y su amiga, Araceli Tapia Martínez, crearon un *modus operandi*: primero conseguían ropa de enfermeras; luego buscaban mujeres solas de la tercera edad; entonces fingían ayudarlas con los cobros de pensiones gubernamentales y labores domésticas; una vez dentro de las casas, robaban las cosas de valor y se iban por medio de engaños. Con el tiempo, Araceli la abandonó. A Juana se le facilitaba engañar a estas mujeres que le recordaban mucho a su madre, pensando en ella aumentaba su rencor y odio hacia los adultos mayores.

Un día, el comandante Moisés flores Domínguez la capturó en flagrancia, pero en vez de detenerla la extorsionó pidiendo comisiones de sus robos, un claro ejemplo de corrupción en el país.

La situación empeoró y, en 1999, la prensa reportó los primeros casos de un presunto hombre que robaba y mataba viejitas en la ciudad.

El 25 de noviembre de 2002, Juana Barraza llegó a casa de María de la Luz González Anaya. La abuela hizo un comentario denigrante a Juana. Entonces, enojada, le aplicó una llave de lucha libre y la estranguló, después robó las cosas de valor en el departamento. Los crímenes empezaron a aumentar.

El 5 noviembre de 2003, las autoridades confirmaron que un asesino en serie estaba matando mujeres ancianas. Los criminólogos armaron el perfil de la persona: un señor robusto, con tendencias travestis y facciones rudas. Debido a negligencias, corrupción y falta de profesionalismo, durante años siguieron buscando a un presunto asesino con tendencias trasvestis. Mientras tanto, con una infancia colmada de abusos físicos y psicológicos, Juana pasaba desapercibida. Perfeccionó su forma de entrar a las casas y estranguló a sus víctimas con cables de teléfono, medias de seda, mascadas, mecates y hasta con el estetoscopio que traía como supuesta enfermera. Después les robaba los artículos de valor.

En una entrevista que le hicieron al momento de su detención, comentó que cada vez que las estrangulaba lo hacía pensando en su madre. A través de cada víctima, mataba a su madre para aliviar el dolor que le causó al venderla de pequeña.

El gobierno de la ciudad hizo tácticas para evadir responsabilidades y crear culpables. De hecho, más de tres personas inocentes fueron inculpadas, pero la propia Juana los desmentía al seguir matando a mujeres. El 28 de septiembre de 2005, Juana se metió a la casa de María del Carmen Camila González, una anciana de clase alta, madre de un criminólogo, y la mató. Aquí la investigación fue más seria, claro, había asesinado a alguien que tenía contactos y buenas influencias. Entonces, ahora sí, le cayó el peso de la ley.

Por fin, el 25 de enero de 2006, la arrestaron cuando huía de una casa ubicada en la Colonia Moctezuma. Ahí vivía Ana María de los Reyes Alfaro (su última víctima), una mujer de más de 80 años, a quien estranguló con un estetoscopio.

Cuál fue la sorpresa para todos al enterarse de que el asesino en serie disfrazado de enfermera ¡era una mujer!

Cuando registraron su casa, descubrieron que de cada asesinato había robado objetos a manera de trofeos. Su habitación estaba llena de recortes de periódicos y revistas que la relacionaban con el caso. También encontraron un altar a la Santa muerte y a Jesús Malverde.

Perfil psicosocial de la "Mataviejitas"

Dado el problemático pasado de Juana Barraza, no es de extrañar que el alcoholismo de su madre, la falta de cuidados parentales y el haber sido víctima de abusos sexuales la llevaran a convertirse en una atroz asesina. Se sabe que la violencia es un trastorno intergeneracional y la "Mataviejitas" es un ejemplo de alguien que se convirtió en víctima del ciclo de violencia.

Se especula que los traumas infantiles de Juana tuvieron un efecto irreversible a largo plazo en su estado psicológico, haciéndola propensa a los estallidos de violencia e inestable de forma emocional y psicológica. Tal vez, la necesidad de detener el ciclo de violencia fue la razón por la que decidió atacar a mujeres de edad avanzada, ya que a menudo se les considera frágiles e indefensas en la sociedad.

La mantuvieron en prisión preventiva hasta marzo del 2009, donde fue condenada a 759 años en prisión, es decir, toda su vida tras las rejas. En 2015 contrajo matrimonio con un interno de nombre Miguel Ángel, dentro del penal de Santa Martha Acatitla, pero antes del año solicitó el divorcio. También se hizo amiga de Sara Aldrete (la narcosatánica), quien la enseñó a leer y escribir, de hecho, se dice que compartieron celda. En la actualidad, Juana Barraza es soltera otra vez y vende tacos en un puesto dentro de la cárcel.

Sin duda, Juana Barraza se destacó por una historia de vida bastante trágica, Su complejo perfil psicológico la indujo a matar ancianas. Los abusos por parte de externos, la corrupción y el resentimiento crearon un gran y fatal personaje para la cultura popular en México: un personaje que se destacaba por siempre vestir de rojo y una enorme pasión por la lucha libre.

Con este caso, entendemos mejor la maldad humana que puede ser creada por eventos detonantes y reproducida por varios individuos que (aunque tengan pasados difíciles) se convierten en monstruos despiadados, muchos de los cuales pasan desapercibidos entre la sociedad... hasta que se descubren sus fechorías.

Juana Barraza

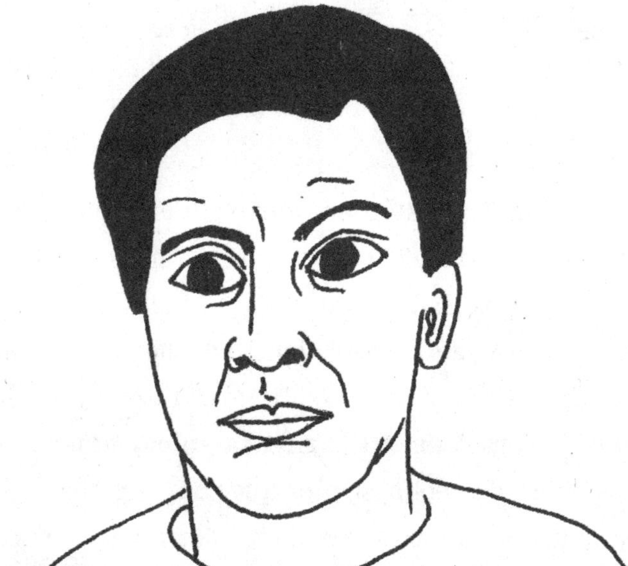

He aquí un fragmento de la entrevista realizada en 2006, en la Arena México, una semana antes de que se hiciera famosa como asesina en serie:

> -Yo soy la señora Juana Barraza.
> -¿Ruda o técnica?
> -Ruda de corazón.
> -¿Y dónde es más ruda aquí o en casa?
> -Ahhh, pues en los dos lados.

Tiempo después, en otra entrevista, vemos cómo baja la cabeza, demostrando sentirse humillada y exhibida. Llora, lo cual evidentemente refleja su dolor, pero también una necesidad de calma, de paz interior.

La postura que tiene se le conoce como postura tortuga porque los hombros se acercan a las orejas debido a la vergüenza y a la humillación. Vemos también una postura cerrada.

Esconde el cuello, una parte débil y vulnerable en nuestro cuerpo ya que todo lo importante para la supervivencia (sangre, comida, agua, hormonas, etcétera fluye por el cuello). Por eso, cuando estamos orgullosos o nos sentimos seguros, enseñamos el cuello, en cambio cuando nos sentimos amenazados, escondemos el cuello como lo hace Juana en la entrevista.

Yolanda Saldívar

Hace casi 30 años, Yolanda Saldívar asesinó a Selena Quintanilla, la estrella de la música tejana. Desde la especulación sobre un comportamiento abusivo hasta la manipulación y una extraña idealización... Selena y Yolanda compartían un vínculo único y muy extraño.

En 1991, Yolanda Saldívar inició su relación con Selena con la creación del Club de Fans de Selena. Yolanda era una enfermera estadounidense con ascendencia mexicana (por aquel entonces fan incondicional de Selena) que se ganó la confianza de la cantante por su gran admiración y lealtad. En pocos años, ascendió hasta convertirse en su confidente y, después, en presidenta del Club de Fans de Selena y en gerente de dos *boutiques* de la familia.

Poco antes de la muerte de Selena, su familia descubrió que Yolanda había estado malversando fondos de ambas organizaciones. Como consecuencia, Yolanda fue despedida de ambos cargos, pero con gratitud, ya que tenía fama de admiradora leal. Al cambiar su relación, Yolanda se sintió traicionada y utilizada. Se sintió atrapada en un ciclo: dedicó su vida a apoyar la carrera de Selena, asegurando su éxito, pero no se lo reconocieron ni le recompensaron su lealtad y su duro trabajo. Entonces pidió que la reembolsaran, pero Selena se negó y se desconectó de ella.

En respuesta a su negativa, Yolanda la amenazó con publicar información perjudicial en los medios de comunicación. Le dijo que si no pagaba su deuda y la readmitía en el club de fans y las *boutiques* diría todo.

El 31 de marzo de 1995, Selena accedió a reunirse con Yolanda en un motel Days Inn de Corpus Christi, Texas, con el propósito expreso de recuperar unos documentos. Armada con una pistola, Yolanda aprovechó la ocasión para dispararle por la espalda. Selena murió en urgencias por pérdida de sangre.

Yolanda Saldívar confesó que le disparó para simular un asalto, evitar la cárcel y no tener que pagar la deuda de casi 200,000 dólares. Desde entonces, Yolanda vive en prisión. En los últimos años, ha entrado y salido del Tribunal Supremo con posibilidades de libertad condicional.

La muerte de Selena dejó una huella permanente en la música tejana. Millones de fans aún la lloran y la recuerdan. Toda la situación surgió debido al comportamiento manipulador de Yolanda y a las expectativas poco realistas de Selena, quien luego se negó a reconocer los esfuerzos y la dedicación de esa extraña mujer. Yolanda pasó de ser una fan leal a una confidente y, al final, a una asesina.

Grafología de Yolanda Saldívar

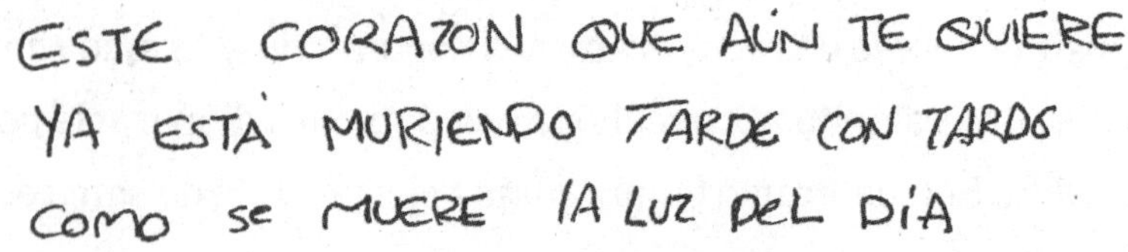

Vamos a imitar los rasgos de escritura de una carta que encontraron en la bolsa de Yolanda (la verdadera carta la puedes encontrar en internet). Es una hoja amarilla con la letra de la canción "Siempre hace frío". Al observar con atención, vemos que hay una mayor descarga de tinta en la frase que dice "quiero morirme". Nota cómo cambian las letras, son muy pequeñas comparadas a la demás.

Algo muy marcado es un signo de pesos del lado izquierdo, como si para la persona que escribió esto las palabras/estímulos más fuertes son "quiero morirme", el signo de pesos y el "conmigo".

La letra parece banderín: empieza grande y se va haciendo chiquita. Significa que es una persona que empieza las cosas con muchas ganas y decae. Aunque como pone punto al final significa que termina lo que empieza.

Mezcla mayúsculas y minúsculas, esto es un signo evidente de distracción, de impulsividad, de alguien que no reacciona de forma normal o esperada.

Por un lado, tenemos una mujer con cierto grado de depresión porque la letra va un poco hacia abajo. Por el otro, las letras se inclinan hacia todos lados, unas hacia la derecha y otras hacia la izquierda como si no pudiera tomar decisiones de dónde está o a dónde va.

Observa bien la carta, la persona que la escribió sí parece tener un complejo de inferioridad por eso la letra es tan pequeña; también problemas de continuidad. Además, requiere de motivación y de halago. Estos espacios tan grandes hablan de la dificultad que tiene para relacionarse con los demás.

Tenemos aquí otra muestra gráfica a partir de la escritura de Yolanda Saldívar.

Observa la letra ligada, esto habla del poder de convencimiento que tenía. La letra adornada significa vanidad. Cuando escribe "Yolanda" es de tamaño diferente a "Saldívar", por lo tanto, le importa mucho la imagen que quiere dar y lo que la gente piense de ella. En esta firma hay un conflicto entre el ser y el deber ser.

También muestra una "a" con colita de alacrán, lo cual refleja hipocresía.

En resumen, es una persona manipuladora, que cuidaba mucho las formas y que tenía ganas de llamar la atención (mira de qué forma lo logró).

Lenguaje corporal de Yolanda Saldívar

Hoy en día se sigue especulando por qué Yolanda cometió el crimen, pero una cosa es cierta, la familia Quintanilla y millones de fans de todo el mundo siguen haciéndose la misma pregunta, ¿cómo se ganó Yolanda la confianza de Selena?

Quiero empezar con una fotografía de antes de que la relación con Selena fuera tan estrecha; se encuentra en internet y en ella, parece un rostro tierno, pero fíjate qué interesante es esto. Observa el look de Yolanda Saldívar al principio: no está muy arreglada, es una mujer de mirada dura, incluso intimidatoria, el rostro se percibe tenso, parece que en algún momento va a explotar. Y así fue… explotó.

Te pido que busques en la red otra foto de cuando ya es presidenta del club de fans de Selena. Esta exenfermera ya se viste diferente, ya trae otro atuendo, un reloj mucho más llamativo, aretes más largos, el pelo parece pintado. De hecho, en la foto anterior tiene el cabello descuidado y aquí ya es una mujer distinta.

Siempre que aparecen Yolanda y Selena en la misma foto, la estrella de la música tejana aparece sin la radiante sonrisa que la caracterizaba. No he encontrado ninguna imagen donde Selena se vea sonriente con esta mujer, al contrario, casi siempre luce incómoda, por ejemplo, con las manos en el estómago (postura de protección) o con la cabeza un poco hacia abajo (en lugar del rostro erguido, irradiando seguridad y coquetería).

Hablemos ahora de su lenguaje corporal y sus significados a través de una entrevista muy conocida que le hizo María Celeste Arrarás a Yolanda Saldívar.

Cuando le pregunta: "¿Qué estaba pasando en ese cuarto?" Yolanda hace un rostro de satisfacción, una ligera sonrisita. Incluso parece una expresión burlona. Podemos notar el mentón levantado. Al ver este rostro podríamos pensar en alguien que está desafiando. Ni siquiera hay tantito dolor en estos ojos.

Parece que llora, pero sólo está fingiendo el tono de voz porque no hay lágrimas. La postura es cerrada. Al observar cuando dice "no me dejes", notamos un gran parpadeo y cómo levanta el mentón. De forma muy sutil, esto demuestra que está tratando de dominar la situación.

Otro aspecto interesante es que tarda en responder cuando debería hacerlo de forma espontánea. Este retraso de unos tres o cuatro segundos nos muestra que está construyendo una historia.

Cuando dice "yo no te dejo por ninguna otra persona" pone la mano en forma de puño (representando una especie de arma). Luego pone la mano en la sien y hace una expresión de satisfacción al mismo tiempo que cierra los ojos evadiendo la situación. Observa cómo levanta el mentón y lleva las cejas hacia abajo, no es una expresión de dolor, es una expresión de desafío, de confrontación. No coincide con los gestos. Es una incongruencia.

Después dice: "No cierres la puerta." Aquí es otro tono de voz mucho más grave. En otras palabras, se le transformó la voz a Yolanda Saldívar. ¿Por qué? Porque aquí ya salió la verdadera, la de voz fuerte, la agresiva.

Con los años, la asesina de Selena logró una desensibilización, por eso en entrevistas recientes ya no dice "madre", "mamá" o "hija" (por cierto, qué relación tan enferma en la que se hablaban así). Además, se ve a la defensiva, ya cambió. Incluso enseña un poco los dientes. Vemos que ya se le quitó por completo la imagen de sumisa y abnegada... ahora es una mujer agresiva.

Tercera parte

MALDAD
Y MANIPULACIÓN

CAPÍTULO 15
Las sectas

Las sectas forman parte de la historia de la humanidad. De hecho, sus orígenes y prácticas siguen fascinando y aterrorizando a la gente. Estos grupos pequeños y entusiastas creen en una verdad concreta y obedecen a sus fundadores, a menudo con extrema devoción.

Desde agrupaciones pequeñas hasta organizaciones grandes y peligrosas (que han causado daños a sus miembros y a la sociedad), la historia de las sectas es un tema complejo e intrigante. Aunque algunas sectas tienen creencias y prácticas inofensivas, otras pueden ser peligrosas, incluso mortales. En este capítulo exploraremos la historia, los tipos, las creencias y los peligros de las sectas. También daremos consejos sobre cómo evitar que tú o tus seres queridos sean víctimas de estos peligrosos grupos.

Amanda Montell, lingüista y escritora, dijo una vez que las sectas son como la psicología con esteroides, pero la psicología del fanatismo. Así que comencemos nuestra exploración del mundo de las sectas.

La palabra procede del latín *secta*, que significa seguimiento o facción. Los orígenes se remontan a la antigüedad, cuando se formaron muchos grupos religiosos para rendir culto a una deidad o creencia concreta. En su origen, el término se refería al grupo que se separaba de la mayoría, pero en la actualidad tiene una connotación más negativa. Durante décadas, las organizaciones caracterizadas por una fuerte manipulación y figuras poderosas fueron fuente de fascinación, controversia y terror. Aunque se ha investigado mucho sobre este fenómeno, su encanto sigue siendo un misterio.

Estos grupos suelen tener varios rasgos comunes, el principal es la presencia de un líder magnético al que se venera como algo casi divino. Esta persona manipula a sus seguidores haciéndoles creer que poseen poderes y conocimientos exclusivos, lo que da lugar a un distanciamiento del mundo exterior.

Además, muchas sectas emplean tácticas de lavado de cerebro para inducir a nuevos miembros. Esto incluye la privación del sueño, la estimulación sensorial y otras formas de control mental, con el fin de sustituir la identidad del individuo por las creencias del grupo.

A pesar de sus riesgos, muchos siguen sintiéndose atraídos por estas entidades. Los motivos pueden variar, desde la búsqueda de solidaridad hasta respuestas a preguntas existenciales. Por ello, es importante ser consciente de los peligros asociados a las sectas y acercarse a ellas con precaución.

Las sectas han sido parte de la historia de la humanidad durante siglos, y aunque puedan parecer fascinantes, no se pueden ignorar sus peligros. Desde pequeños grupos entusiastas hasta grandes movimientos religiosos organizados, las sectas pueden ser engañosas y manipuladoras. Es importante aprender las señales de advertencia y los métodos de prevención para evitar ser víctimas de sus tácticas. Recuerda, el conocimiento es poder. Si nos mantenemos informados podemos proteger a nuestros seres queridos (y a nosotros) de los efectos nocivos de las sectas.

Líderes de sectas

El mundo siempre ha sentido fascinación por las personalidades carismáticas y persuasivas que dirigen a los grupos de personas hacia un objetivo común. Pero algunos de estos individuos llevaron su liderazgo a un nivel peligroso y formaron sectas con consecuencias devastadoras.

Los que idolatran a un líder concreto y se adhieren a sus enseñanzas poseen un conjunto único de cualidades que los diferencian del público en general. Un rasgo común entre estos individuos es el ansia de inclusión y aprobación. Aprovechándose de quienes se sienten rechazados o alejados del mundo, los líderes de sectas ofrecen una sensación de camaradería y objetivo dentro de su organización. A menudo, los miembros de la secta están dispuestos a renunciar a su autonomía e identidad personal para recibir la sensación de aceptación.

Además, los seguidores de una secta son muy vulnerables a las técnicas de manipulación y lavado de cerebro. Los líderes utilizan tácticas como la alienación, la intimidación y la implantación de una jerarquía rígida para romper el sentido de identidad del individuo y hacerlo dependiente de la secta y de su líder. Sin importar lo carismático que resultan los líderes, también es cierto que los eventos públicos (donde todos parecen divertirse y tener la energía muy alta por la risa, la convivencia, etcétera) se vuelven muy atractivos para querer pertenecer a ese lugar.

Casi siempre, los líderes de sectas muestran arrogancia, dominación y una superioridad autoimpuesta. Se consideran los únicos que poseen respuestas a las grandes preguntas de la vida y utilizan su atractiva personalidad para atraer nuevos miembros. Además, los líderes suelen participar en actos poco éticos y delictivos para beneficiarse, aunque ello suponga un perjuicio para sus seguidores.

Una de sus técnicas más importantes es la de crear un lenguaje, es decir, generar una identidad propia que logre ese sentimiento de pertenencia que los seres humanos necesitamos. Además, las sectas se caracterizan por tener una misión, en otras palabras, un objetivo por el cual unirse.

Documentales que analizan a los líderes de sectas

Para comprender mejor las motivaciones y estrategias de un líder, se pueden ver los siguientes documentales:

Holy Hell ofrece una mirada al ascenso y caída del grupo Buddhafield, dirigido por Michel Rostand. Exparticipantes del grupo revelan detalles sobre las prácticas de la organización y el control que Rostand ejercía sobre ellos.

Going Clear: Scientology and the Prison of Belief examina la Iglesia de la Cienciología de David Miscavige. Mediante entrevistas a exdevotos e investigaciones en profundidad, la película descubre la naturaleza opresiva del sistema y las técnicas utilizadas para ejercer el poder.

Wild Wild Country ofrece un análisis profundo de la comunidad Rajneeshpuram, regida por Bhagwan Shree Rajneesh. El documental explora las controvertidas costumbres de la secta y las luchas a las que se enfrentaron con los pueblos vecinos. Mediante entrevistas con antiguos miembros y grabaciones de archivo, la película ilustra el ascenso y la eventual disolución de la secta.

Estos documentales y otros ofrecen una visión única de la psicología de los líderes de sectas y de sus métodos de control sobre sus adeptos. Profundizando en la dinámica de estas organizaciones, podemos comprender mejor el atractivo de tales grupos y tomar medidas para evitar sus efectos perjudiciales.

La investigación de Cuevas y Canto sobre el comportamiento y las motivaciones de quienes dirigen grupos proporcionó una valiosa perspectiva sobre las sectas. Analizaron más de veinte organizaciones y a las personas que las dirigían, tratando de identificar puntos en común. Sus conclusiones ofrecieron un profundo conocimiento de la composición psicológica y las tácticas utilizadas por estos individuos para influir en quienes los rodean.

Un punto clave del estudio es que no existe un tipo único de líder de secta. Más bien, proceden de distintos entornos y poseen personalidades diversas. Aun así, los autores identificaron algunos rasgos que muchos comparten, como el encanto, la habilidad para la manipulación y la inclinación al narcisismo.

Cuevas y Canto también descubrieron que muchos líderes de sectas tuvieron pasados traumáticos o difíciles, lo que alimentó sus ansias de poder y control. Muchas veces, estos individuos recurren a esos pasados o a sus experiencias de sufrimiento para racionalizar el maltrato que infligen a sus seguidores.

Los autores destacaron la importancia de la ideología en las sectas. Observaron que los líderes suelen establecer su conjunto de principios o tergiversar los existentes para que sirvan a sus fines. Como medio de manipulación, también usan el miedo, la intimidación, el lavado de cerebro y el aislamiento social.

La historia ha visto innumerables figuras de dudosa integridad que cautivaron a un gran número de seguidores gracias a su carisma y atractivo. A continuación, veremos cinco líderes y sus sectas:

- Jim Jones y el Templo del Pueblo
- Keith Raniere y NXIVM
- Marshall Applewhite y la Puerta del Cielo
- Shōkō Asahara y la Aum Shinrikyo
- Sergio Andrade y el Culto Trevi

Jim Jones

La tragedia de Jonestown es uno de los sucesos más notorios de la historia de la humanidad. En 1978, más de 900 miembros del Templo del Pueblo, dirigido por una figura religiosa llamada Jim Jones, se quitaron la vida consumiendo una bebida con cianuro. Este suicidio masivo conmocionó al mundo y planteó interrogantes sobre los riesgos de las doctrinas de culto. Los seguidores de este líder estaban convencidos de que el mundo llegaba a su fin y que la única forma de salvarse era acabar con sus vidas.

Explorar el suceso de Jonestown da lugar a multitud de interpretaciones. Algunos sostienen que la gente fue manipulada y coaccionada para llevar a cabo la acción. Por el contrario, otros afirman que tomaron la decisión de morir por sus creencias de forma voluntaria. Sea cual sea la explicación, esta tragedia nos recuerda que debemos desconfiar de quienes afirman tener todas las respuestas y considerar otros puntos de vista. La fe ciega puede tener resultados devastadores y es importante pensar de forma crítica y con escepticismo.

Keith Raniere

El nombre de Keith Raniere es sinónimo de escándalo y controversia desde que se destapó su actividad delictiva. Como cofundador de la supuesta organización de autoayuda NXIVM, Raniere fue declarado culpable de asociación ilícita, tráfico sexual y otros cargos. Raniere explotaba a las mujeres para su propio beneficio económico y las utilizaba para su gratificación sexual. La actriz Allison Mack también estuvo implicada en la organización, captando mujeres para el círculo interno. Este ejemplo es una prueba (y un recordatorio) del poder de ciertas figuras influyentes y de su capacidad para manipular a los seguidores (personas que desean pertenecer y tener un propósito) para sus fines tortuosos.

El largo proceso judicial del caso de Keith Raniere llegó a su fin en octubre de 2020 con un duro veredicto: 120 años de prisión. Esta sentencia condenatoria fue una victoria significativa para los supervivientes de su implacable explotación y brutalidad, una confirmación de que nadie está exento de la justicia.

La condena puso de manifiesto los peligros de las sectas y la urgente necesidad de que quienes ocupan puestos de poder rindan cuentas de sus actos. A pesar de los intentos de los seguidores de alegar su inocencia, las pruebas de las actividades maliciosas de Raniere eran abrumadoras. La vista de la sentencia fue un conmovedor recordatorio del trauma que habían sufrido las víctimas... y las repercusiones del caso seguirán resonando mientras se esfuerzan por curarse y reconstruir sus vidas.

El escándalo que rodea a Keith Raniere y a su organización cofundada, NXIVM, ha sido objeto de un intenso escrutinio por parte de los medios de comunicación desde su condena. Los informes de exmiembros arrojaron luz sobre el entorno de culto que creó Raniere, en el que pretendía ofrecer crecimiento espiritual e iluminación, pero en realidad explotaba a los miembros para su beneficio. Estas acusaciones desencadenaron múltiples investigaciones y, en última instancia, dieron lugar a la condena de Raniere por asociación ilícita, tráfico sexual y otros delitos.

Exmiembros de NXIVM relataron desgarradoras historias de abusos y manipulación perpetrados por Raniere y sus socios. Se denunciaron abusos físicos y emocionales, severas dietas y regímenes de ejercicio, trabajos forzados y conducta sexual inapropiada. Además, algunas mujeres fueron marcadas con las iniciales de Raniere en una repugnante muestra de lealtad. Este inquietante comportamiento ha prendido las alertas en la sociedad, demandando múltiples llamamientos para que se proteja mejor a las personas vulnerables que pueden ser el objetivo de sectas y organizaciones manipuladoras.

A pesar de las abrumadoras pruebas contra Keith Raniere, una pequeña minoría de sus seguidores se ha mantenido firme en su apoyo, afirmando que sus enseñanzas le cambiaron la vida y que fue condenado de forma injusta. También dicen que fue víctima de un sistema legal prejuicioso y de una caza de brujas impulsada por los medios de comunicación. Esta lealtad es típica porque los líderes, a menudo, mantienen un férreo control sobre sus seguidores y estos se niegan a aceptar cualquier prueba que contradiga a su líder. Sea cual sea el nivel de apoyo a Raniere, el impacto del escándalo de NXIVM se dejará sentir durante muchos años.

Las consecuencias de la condena de Keith Raniere provocaron una oleada de emociones entre los afiliados a su organización, NXIVM. Muchos se sintieron horrorizados y descorazonados por las revelaciones de sus actividades delictivas y tuvieron que enfrentarse a la comprensión de su participación en un grupo de culto. Numerosos exmiembros de NXIVM dieron la cara, compartiendo sus desgarradoras historias; dijeron que la figura central de Raniere tenía un control absoluto sobre sus seguidores, los cuales estaban expuestos a manipulación psicológica, abusos físicos y explotación sexual. Algunos decidieron abandonar la organización de inmediato, mientras que otros se enfrentaron a una batalla interna para asimilar la verdad.

Aunque la mayoría de los seguidores aceptaron el resultado, unos pocos selectos siguen siendo devotos y leales a Raniere, perseverando en la creencia de su inocencia y defendiendo sus acciones. Este cisma interno hizo que muchos reflexionaran sobre el poder de un líder carismático y sobre cómo evitar que se produzcan circunstancias similares en el futuro. A medida que la organización se desmorona, no está claro qué futuro les espera a sus miembros y simpatizantes.

La historia de Keith Raniere y NXIVM es un cuento con moraleja sobre los peligros de los líderes carismáticos y el daño que pueden causar cuando se les otorga un poder sin control. La condena y sentencia de Raniere por sus atroces crímenes contra las mujeres es un paso hacia la justicia para sus víctimas, pero las cicatrices dejadas por su organización de culto tardarán en curarse. A medida que avanzamos, es importante recordar tres puntos:

- La importancia del pensamiento crítico.
- Siempre cuestionar la autoridad.

- Nunca dejar que nuestro deseo de crecimiento personal nos ciegue ante las señales de alarma del abuso y la explotación.

Por desgracia, la saga de NXIVM es sólo un ejemplo de las numerosas sectas que siguen existiendo hoy en día y que emplean tácticas similares para controlar y explotar a sus miembros. Es esencial ser consciente de las señales de advertencia de tales organizaciones, como la reclusión forzosa de la familia y los amigos, la manipulación financiera y el uso del miedo para intimidar. Si nos mantenemos informados y compartiendo conocimientos, podemos proteger a las personas vulnerables de la influencia de estos grupos peligrosos.

Marshall Applewhite

Marshall Applewhite, fundador de la Puerta del Cielo, convenció a sus adeptos para que se suicidaran persiguiendo una nave extraterrestre que él creía que acompañaba al cometa Hale-Bopp.

Del 24 al 27 de marzo de 1997, 39 seguidores de la Puerta del Cielo (Heaven's Gate) se quitaron la vida en Rancho Santa Fe, California. Las personas creían que a través de sus suicidios estaban "saliendo de sus naves humanas" para que sus almas emprendieran el viaje a bordo de una nave espacial que, según ellos, seguía al cometa Hale-Bopp. De hecho, algunos hombres del grupo se castraron como preparación para la vida sin género que les esperaba después del suicidio.

En mayo de ese mismo año, dos miembros de la Puerta del Cielo que no estuvieron en el suicidio masivo trataron de quitarse la vida. Uno lo logró, el otro estuvo en coma dos días, luego se recuperó y volvió a intentarlo. Al final, sí se mató.

Shōkō Asahara

Otra figura notoria fue Shōkō Asahara, fundador de la secta Aum Shinrikyo en Japón. Fue el cerebro de un ataque con gas sarín en el metro de Tokio, que mató a trece personas e hirió a muchas más.

Sergio Andrade

Sergio Andrade ha tenido una vida y un pasado tumultuosos, pero uno de los aspectos más infames es su participación en el culto Trevi. Como mucha gente no está familiarizada con los detalles, lo mejor es comprender el contexto en el que se formó esta secta, así como muchos de los detalles que se han revelado sobre la implicación de Sergio.

Sergio Andrade nació el 26 de noviembre de 1955 en Coatzacoalcos, Veracruz, México. Es cantante, compositor, productor y fundador de la compañía discográfica Good Audio Productions. Era mánager y productor de Gloria Trevi cuando se creó su controvertido culto. Aunque Sergio estuvo en prisión siete años y pagó un millón de pesos mexicanos como indemnización a las víctimas de su conducta, los efectos de sus actos aún perduran.

El culto se describió como una secta y se fundó entre 1993 y 1997. Contaba con un líder que imponía castigos, aislamiento y elementos de control mental, mientras que Trevi era la figura central. Tanto el papel de Gloria como el de Sergio sigue siendo muy controvertido... y es una de las pocas ocasiones en que se ha vinculado a un personaje público con una secta de este calibre.

Gloria Trevi era una popular cantante, compositora y actriz mexicana, que tenía fama de ser moderna. Pero usó su fama y poder para reclutar a sus fans y crear una secta, utilizando su música y sus giras de conciertos para conseguir miembros. Sergio Andrade contribuyó obligando a las mujeres miembros a mantener relaciones sexuales con él y grabando cintas de los incidentes. Los dos fueron descritos como creadores de un entorno de "abusos, humillaciones y condiciones psicológicas viciosas".

Los miembros del culto debían cumplir un estricto conjunto de normas establecidas por Sergio y sus otros manipuladores, que incluían la prestación de servicios sexuales, castigos físicos y amenazas, aislamiento y adoctrinamiento en los comportamientos de la secta. Se cree que las motivaciones de Sergio eran obtener riqueza, poder y favores sexuales de los miembros, así como tener una forma de control sobre las mujeres miembros de la secta. Este comportamiento de controlar y manipular a las jóvenes es muy común entre los líderes, ya que les proporciona una sensación de poder.

Todo salió a la luz en 1997, cuando las familias de los miembros de la secta denunciaron a la policía que Sergio y Gloria mantenían cautivas a sus hijas. Ambos fueron detenidos, y el proceso judicial comenzó en 1999. Aunque Gloria fue puesta en libertad al cabo de tres años, Sergio fue condenado a otros 10 años en una prisión de Veracruz.

A pesar del comportamiento mostrado en el pasado por Sergio Andrade y el culto Trevi, en los últimos años Sergio se ha distanciado de la secta. Trató de renombrarse como productor musical y compositor, incluso sacó un álbum en 2016. Además, intentó crear una imagen pública positiva a través de las redes sociales e Instagram, donde publicaba fotos suyas y de su familia.

A pesar de sus intentos de cambiar de imagen y reinventarse, Sergio Andrade siempre será recordado como uno de los pocos personajes públicos vinculados a una secta de esta magnitud. Su legado es demasiado controvertido, ya que sigue sin estar claro hasta qué punto estaba implicado. El acto de manipular a chicas jóvenes, de empujarlas a mantener relaciones sexuales y de utilizar técnicas de control mental para mantenerlas en la secta, sigue siendo un mal reflejo de él y del culto Trevi.

Lenguaje y similitudes entre Keith Raniere y Sergio Andrade

Es importante abordar las semejanzas entre estos líderes de sectas. Los dos hombres:

- Tuvieron un "gancho", es decir una persona que era el estandarte ideal para jalar adeptos a través de falsas promesas.
- Ambos eran llamados con sobrenombre: "maestro" para Sergio Andrade y *"vanguard"* para Keith Raniere.
- Generaban una promesa: uno la fama y el otro la elevación espiritual.

- Tenían herramientas de control como la jerarquía. Las víctimas de ambas sectas pasaban hambre, además eran muchachas que en su mayoría cuentan relatos de haber crecido en soledad.
- Fueron líderes carismáticos y generaron un lenguaje y un vocabulario propio en sus sectas. Los primeros acercamientos fueron agradables, hacían sentir especiales a las chicas, como si fueran las "elegidas" (a tal grado que Mary Boquitas, en su *podcast*, cuenta que Sergio Andrade le dijo que "ella era la estrella que México esperaba".)

El estudio de los líderes de sectas y sus organizaciones es un tema complejo y fascinante que requiere una mayor exploración. Desde los trágicos sucesos del suicidio colectivo de Jonestown hasta las tácticas de reclutamiento utilizadas por NXVIM, está claro que las sectas tienen un profundo impacto en sus seguidores y en la sociedad en su conjunto. Aunque existen rasgos comunes entre los adeptos y los líderes de sectas, no hay un perfil específico que pueda predecir quién se convertirá en un líder. Es crucial que sigamos educándonos (y a los demás) sobre los peligros de las sectas y que trabajemos para prevenir su influencia dañina sobre las personas y las comunidades.

CAPÍTULO 16

El contagio emocional

El contagio emocional es un proceso en el que una persona transmite su estado de ánimo a otra, sin necesidad de contacto directo. Esto nos lleva a plantear una pregunta muy interesante: ¿Quiénes son más susceptibles al contagio emocional?

En este capítulo repasaremos algunos factores que hacen a alguien vulnerable a este fenómeno, como la edad, el nivel de empatía, el entorno, la pertenencia a determinadas redes sociales o la presencia de filtros y dismorfia.

El contagio emocional es un fenómeno que se produce a través del intercambio de emociones entre personas. Esto puede pasar de forma consciente, como cuando una persona es influenciada por el estado de ánimo de otra, o de forma inconsciente. Investigaciones recientes realizadas por universidades estadounidenses sugieren que el contagio emocional también puede ocurrir a través de redes sociales.

En un estudio publicado en la revista científica *Nature Human Behavior*, los investigadores comenzaron con la hipótesis de que el contagio emocional también era un fenómeno que podía producirse de forma digital. Para comprobar esta hipótesis, usaron el algoritmo de Twitter para analizar las publicaciones de los usuarios sometidos a un visionado sesgado, sin que estos lo supieran.

Los resultados del estudio sugirieron que el contagio emocional también ocurría de manera digital y era tan potente como de forma presencial.

Existen diferentes factores que vuelven a una persona más susceptible al contagio emocional. Por ejemplo:

Edad

Diferentes estudios sugieren que la edad es un factor que hace a una persona más vulnerable al contagio emocional. Por ejemplo, según un estudio publicado en *Genres*, el contagio emocional es más frecuente en personas mayores de 70 años que en adultos jóvenes. Pero un estudio publicado en *The American Journal of Geriatric Psychiatry* sugiere que los *millenials* y los adultos son más susceptibles a contraer *la enfermedad*, debido a su estilo de vida.

Empatía

La empatía es una habilidad importante que podemos desarrollar de forma voluntaria y autónoma. Esta habilidad nos permite entender mejor lo que sienten los demás, lo que nos hace menos susceptibles al contagio emocional. Si bien el contagio emocional y la empatía son fenómenos diferentes, los expertos afirman que una persona dotada de esta habilidad será menos vulnerable al contagio.

Entorno

Nuestro entorno y las personas con las que nos relacionamos también juegan un papel importante en la susceptibilidad al contagio emocional. Por ejemplo, según diferentes estudios, el miembro más expresivo de forma emocional será el integrante de un grupo de iguales. Pero en contextos como el trabajo, donde hay diferencias de poder, la persona con mayor poder marcará el estado de ánimo de los demás.

Redes sociales

La influencia y el contagio emocional también pueden ser causados por nuestra pertenencia a determinadas redes sociales. Según un estudio publicado en la revista *Nature Human Behavior*, los usuarios de Twitter son particularmente vulnerables a este fenómeno debido a la naturaleza acelerada e impersonal de las relaciones en las redes sociales.

Filtros y dismorfia

Los filtros y la "dismorfia del *selfie*" son otra forma en la que el contagio emocional afecta a la gente. Estas son aplicaciones de realidad aumentada que tienen como objetivo mejorar la imagen corporal mediante la manipulación de la apariencia de una persona. Estas aplicaciones causan efectos psicológicos adversos en el usuario, como ansiedad o depresión, lo que hace a esta persona más vulnerable al contagio emocional.

Grafología de la persona propensa al contagio emocional

La escritura es redonda, un poco aplastada y con aperturas.

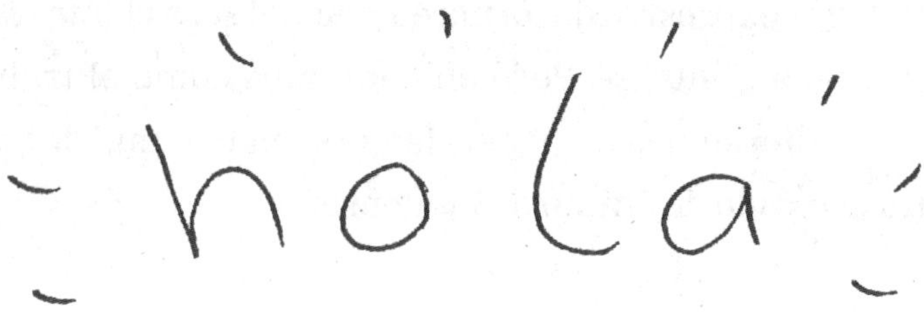

Lenguaje corporal de la persona propensa al contagio emocional

CAPÍTULO 17
La manipulación mediática en redes sociales

En la era digital, las redes sociales se han convertido en una parte integral de nuestras vidas, y con ello, la manipulación mediática se volvió un fenómeno generalizado. No hay que subestimar el poder de la manipulación mediática, ya que desempeña un papel importante en la formación de la opinión pública y las actitudes.

En este capítulo veremos la historia de la manipulación mediática, la teoría de Chomsky y las estrategias de las personas manipuladoras. También examinaremos el impacto de la manipulación mediática en las redes sociales y la psicología que hay detrás. Al final, comprenderás mejor cómo funciona la manipulación mediática y cómo identificarla. Empecemos este viaje por el mundo de la manipulación mediática en las redes sociales y la psicología.

El uso intencionado de diversas formas mediáticas para afectar y controlar cómo se comporta, piensa y siente la gente es una realidad que merece atención. Con la aparición de las plataformas *online* como poderosos medios para la difusión de información y opiniones, las consecuencias psicológicas de dicha manipulación mediática en redes sociales se han hecho más evidentes. Es preciso comprender los efectos de largo alcance y a largo plazo de tales actividades para protegernos de su influencia.

Para manipular la opinión pública se emplean datos falsos, propaganda e información parcial. La desinformación se difunde a través de redes sociales, lo que dificulta diferenciar entre lo verdadero y lo falso. La propaganda se usa para promover programas o creencias específicos, aprovechando las emociones y las ideas preconcebidas de la gente. La información parcial consiste en presentar solo lo que respalda el punto de vista propio y no tener en cuenta las pruebas contrarias. Todas estas técnicas se utilizan para moldear las percepciones e ideas de la gente.

La manipulación mediática tiene un profundo efecto en las redes sociales y en la psicología, fomentando el miedo, la sospecha, incluso la complacencia. Es esencial ser consciente de este fenómeno para proteger nuestra salud mental de sus posibles impactos. Conocer la naturaleza de la manipulación mediática es clave para garantizar nuestro bienestar y evitar sus efectos perjudiciales.

Historia de la manipulación mediática

Desde los albores de los medios de comunicación de masas, la gente ha explotado el poder de la comunicación en su beneficio. El periodismo amarillista surgió a finales del siglo XIX, cuando los periódicos inventaban historias para atraer lectores. En la década de 1930, la Alemania nazi utilizó la radio para difundir propaganda. A medida que se desarrollaron la televisión y el internet, también lo hizo el uso de la manipulación mediática.

La guerra de Vietnam fue un momento decisivo en la historia del control basado en la comunicación. De forma estratégica, el gobierno estadounidense difundió información e imágenes para influir en la opinión pública sobre el conflicto. Pero en 1971, la publicación de los Papeles del Pentágono (un documento secreto del gobierno) por *The New York Times*, puso al descubierto el alcance de la manipulación y aceleró la conclusión de la guerra.

La llegada de las redes sociales alteró de forma drástica el juego de la manipulación mediática. Plataformas como Facebook y Twitter sirven para hacer avanzar noticias falsas y propaganda con increíble rapidez. Estas historias se difunden con facilidad y, con solo pulsar un botón, llegan a millones de personas. En los últimos años, estos medios se han aprovechado para interferir en las elecciones e influir en los procesos democráticos.

La historia de la manipulación de los medios de comunicación demuestra su inmenso potencial, tanto para fines positivos como negativos. Es esencial conocer las estrategias y tácticas empleadas por quienes pretenden manipular y estar en guardia contra su influencia. Si comprendemos cómo funciona la manipulación mediática, podremos protegernos mejor y tomar decisiones con conocimiento de causa.

Teoría de Chomsky sobre la manipulación mediática

La perspectiva de Noam Chomsky sobre cómo se utiliza la comunicación de masas para sostener las estructuras de poder se ha convertido en un concepto muy conocido. Esta teoría es esencial para entender la influencia que la comunicación de masas ejerce sobre nuestras vidas.

Su teoría afirma que la clase dominante usa los medios de comunicación como herramienta para controlar y manipular la percepción pública. Mediante la cobertura sesgada de las noticias, el sensacionalismo y la información selectiva, los medios de comunicación crean una visión distorsionada de la realidad. Chomsky dice que los medios de comunicación no son una entidad libre, sino más bien una marioneta de la élite, y que sirven como un poderoso medio para moldear la opinión pública y mantener el *statu quo*.

También considera que los medios de comunicación mantienen a los individuos entretenidos y ajenos a las verdaderas dificultades. Al prescindir de temas importantes y destacar asuntos triviales, los medios de comunicación generan distracciones y mantienen a la población ajena. El pensamiento crítico y la alfabetización mediática son ahora más importantes que nunca en un mundo en el que los medios de comunicación tienen un profundo impacto.

Estrategias de las personas manipuladoras

Una de las tácticas más comunes que utilizan las personas sin escrúpulos es sembrar la duda en sus víctimas. Lo hacen cuestionando todo el tiempo las decisiones, ideas y actividades de la otra persona, generando una sensación de inestabilidad e inseguridad. Se trata de una maniobra coercitiva que se emplea para ganar autoridad sobre los demás y hacerlos más vulnerables a la manipulación. Es esencial ser consciente de este enfoque y confiar en tus instintos y razonamientos cuando te enfrentes a personas manipuladoras.

Otro método empleado por los manipuladores es el uso de la adulación y los elogios. Con estas estrategias hacen que la otra persona se sienta bien consigo y fomentan su confianza. Pero muchas veces se trata de una estratagema para conseguir lo que desean y puede que no sea auténtica. Es importante ser cauteloso con quienes te colman de elogios y buscar intenciones ocultas.

Las personas manipuladoras también utilizan la estrategia de poner en práctica sus instrucciones. A menudo intentarán controlar el comportamiento de los demás dando órdenes o planteando exigencias. Pueden utilizar la culpa o la vergüenza para hacer que la otra persona obedezca. Es importante reconocer cuándo ocurre esto y defenderte estableciendo límites y negándote a lo que te dicten.

Redes sociales

La era digital revolucionó la forma en que las personas se conectan e interactúan. Las plataformas en línea se convirtieron en parte integrante de la vida moderna, permitiendo a los usuarios crear perfiles, compartir contenidos y establecer contactos en todo el mundo. Por desgracia, estos sitios *web* se convirtieron en una poderosa herramienta para propagar la falsedad y la desinformación.

La proliferación de la desinformación aumentó por la facilidad para publicar contenidos sin verificar su exactitud, también por los algoritmos diseñados para mostrar a los usuarios contenidos que apelan a sus intereses, creando así cámaras de eco ideológico. Además, estas plataformas se usan para manipular la opinión pública e interferir en asuntos políticos, y los gobiernos emplean tácticas como *bots* y cuentas falsas para difundir propaganda.

En los últimos años, se hizo más evidente que las plataformas de redes sociales se usan para influir en la opinión pública, incluso en las elecciones. Esto provocó que muchos se cuestionaran el poder de las redes y su papel en la sociedad, así como las implicaciones de su uso indebido.

Las consecuencias del impacto de la manipulación mediática en el mundo de las redes sociales son incalculables. La creciente popularidad de estas plataformas ha permitido un gran potencial de distorsión, con algoritmos diseñados para mantener a los usuarios enganchados, que aportan un diluvio de datos que pueden manipularse con poco esfuerzo. Esto tiene un profundo impacto en las creencias y el comportamiento de las personas, que consumen y comparten contenidos poco fiables o falsos.

La influencia de la distorsión mediática en las redes sociales se nota mucho en el ámbito político. Las redes sociales se han convertido en un campo de batalla para los candidatos y sus respectivos partidarios, ya que las utilizan para difundir su mensaje y generar apoyos. Pero esta situación también deja la puerta abierta a que agentes malintencionados difundan información errónea y creen discordia. Durante los ciclos electorales, el peligro que supone la manipulación de los medios de comunicación en las redes sociales es aún mayor, ya que la información y propaganda falsas influyen en los votantes.

Las repercusiones de la injerencia de los medios de comunicación en el ámbito de las redes sociales no se limitan al discurso político. También tiene un gran impacto en la salud mental. Aunque son una herramienta útil para establecer conexiones y formar relaciones, también son una fuente de estrés y ansiedad. La afluencia constante de datos y la presión para presentarse de forma perfecta provocan sentimientos de inutilidad y baja autoestima. Además, la difusión de noticias falsas y propaganda provocan confusión y malestar, sobre todo en las personas más vulnerables, como los adolescentes y los adultos jóvenes.

Psicología de la manipulación mediática

Las implicaciones psicológicas de influir en la opinión pública son un tema cautivador. La psicología también explora el modo en que los medios informativos moldean nuestro comportamiento y nuestros procesos cognitivos. Desde los medios digitales hasta las fuentes de noticias más tradicionales, el impacto de los medios de comunicación en nuestras vidas es innegable. En consecuencia, es importante ser consciente de la psicología que subyace a esta persuasión para no dejarse influir por sus efectos. Aprendiendo cómo ejercen los medios de comunicación su poder para manipular nuestros sentimientos, creencias y comportamientos, podemos tomar medidas para protegernos.

El miedo es una estrategia frecuente empleada por los medios de comunicación para manipular nuestra psicología. Esta intensa emoción provoca que actuemos de forma irracional y tomemos decisiones que normalmente no tomaríamos.

Jugando con nuestros miedos, los medios informativos nos inducen a adoptar determinadas opiniones o comportamientos. Por ejemplo, usan titulares sensacionalistas para llamar nuestra atención e infundirnos una sensación de temor o alarma. Al comprender este enfoque, nos equipamos mejor para identificar cuándo los medios de comunicación están utilizando el miedo para influir en nuestra forma de pensar.

La psicología de la manipulación de los medios de comunicación también implica el concepto de sesgo de confirmación. Se trata de la propensión a buscar y aceptar pruebas que corroboren nuestras convicciones preexistentes, ignorando la información que las cuestiona. Los medios de comunicación se aprovechan de ello presentando datos que apoyen nuestras creencias, reforzándolas e impidiendo que tengamos en cuenta otras perspectivas. Para evitar este escollo, es importante buscar fuentes de información variadas y cuestionar de forma activa nuestras convicciones.

La psicología de la manipulación mediática también incorpora el concepto de prueba social. Se trata de la inclinación a imitar los comportamientos y opiniones de las personas de nuestro círculo social. Al presentar ciertas creencias o comportamientos "de moda" o "populares", los medios de comunicación influyen en nuestras opiniones y acciones. En especial, esto se ve en las plataformas de las redes sociales, donde la cantidad de "me gusta", "compartir" y "seguidores" tiene una influencia significativa en nuestras percepciones de lo que "es normal". Al reconocer la influencia de la prueba social, podemos tomar decisiones más informadas y evitar conformarnos sin sentido con el *statu quo*.

Distintas plataformas en redes sociales llevan muchísimo tiempo siendo objeto de debate debido a que la recopilación de datos permite que tengan todo tipo de información

De hecho, pienso que le puedes mentir a todo el mundo menos a Google, ya que sabe todo de ti. Cada búsqueda, palabra, video, contenido que ves, las redes sociales, las *cookies* y los datos que escribes al momento de registrarte... todo alimenta esa información precisa que crea tu perfil. Así, Google sabe qué te gusta, quién te cae bien o mal, qué piensas, qué compras...

Ese cúmulo de información nos convierte en una gigantesca base de datos para crear anuncios más particulares. Todo esto ha hecho que la comunicación y la mercadotecnia quede cada vez más segmentada, es decir, antes los medios masivos anunciaban toda clase de productos al mismo tiempo, hoy al estar más segmentado se va a los clientes potenciales.

Yuval Noah Harari dice que nosotros somos el producto de las redes sociales, nosotros somos lo que venden. De hecho, algunos empleados de cierta red social reportaron un aumento en el discurso de odio a nivel global. Además, las noticias falsas y las campañas de discursos que se organizaron fueron mucho más efectivas porque el odio resulta mucho más llamativo para el *clickbait* que los mensajes positivos. Al algoritmo le interesa lo llamativo y escandaloso... y resulta que el odio es llamativo y escandaloso. Por ejemplo, está demostrado que la gente marcha en las manifestaciones con más fuerza y en mayor cantidad cuando se trata de estar en contra de algo, que cuando se trata de estar a favor de algo. Es como si, de forma intrínseca, dentro de nosotros necesitáramos odiar a alguien (buscar un enemigo) con este cerebro reptiliano que sólo busca sobrevivir y satisfacer sus necesidades básicas.

De acuerdo con el libro *Manipulados* de Chera Frenkel y Cecilia Kang, Facebook es, en esencia, una compañía publicitaria. En 2018, con el cambio de la publicidad digital, se constituyó un duopolio con unos ingresos conjuntos en concepto de "anuncios" por más de 135,000 millones de dólares, superando a los periódicos estadounidenses juntos.

Test ¿Que tan manipulable eres?

Contesta estas preguntas.

¿Te has detenido a comentar algo en redes sociales porque los demás piensan diferente a ti y sabes que te van a "atacar"?

Sí	53,3%
No	45,7%

¿Lees los comentarios de alguna publicación que te interesa?

Sí	92,7%
No	7,3%

¿Eres participativo en redes sociales?

Sí	51,9%
No	48,1%

¿Te consideras fácil de manipular?

Sí 24,7%

No 75,3%

¿Usas filtros?

Sí 20,6%

No 74,9%

Si contestaste que sí a más de tres preguntas… es muy probable que seas manipulado por las redes sociales. Por cierto, ¿cuánto tiempo pasas en el celular?

La manipulación mediática es un fenómeno complejo y omnipresente que afecta a nuestras vidas de muchas maneras. Desde la forma en que percibimos el mundo que nos rodea hasta la manera en que interactuamos con los demás en las redes sociales, la manipulación tiene un profundo impacto en nuestros pensamientos, emociones y comportamientos.

Pero si comprendemos la naturaleza de la manipulación mediática y aprendemos a identificarla cuando surge, nos convertiremos en consumidores más críticos de los medios de comunicación y estaremos mejor equipados para afrontar los retos del mundo moderno. Ya sea a través de la teoría de Chomsky o de las estrategias de las personas manipuladoras, debemos permanecer vigilantes y conscientes de las fuerzas que tratan de moldear las percepciones y creencias.

Al final, el poder de resistir a la manipulación de los medios de comunicación reside en cada uno y depende de nosotros utilizar ese poder de manera sabia.

CAPÍTULO 18

El poder del like

Cuando pensamos en el sistema de recompensa del cerebro, a menudo pensamos en la adicción, pero también es la vía hacia el placer y el enriquecimiento de la vida. El circuito de recompensa es una combinación de muchos neuroquímicos diferentes, entre los que se incluyen la vasopresina, la dopamina, la serotonina y la norepinefrina. Todas ellas desempeñan distintas funciones en nuestras reacciones emocionales y físicas ante distintos estímulos.

La vasopresina actúa como un potente motivador en lo que se refiere al comportamiento y sexualidad. La hormona vasopresina se encuentra en los mamíferos y está implicada en diversos comportamientos sociales, como la confianza, la empatía y el vínculo sexual. En cuanto al sistema de recompensa, la vasopresina participa en la creación de estabilidad emocional y apego afectivo (cuando está presente en la combinación adecuada). Conectada al hipocampo, la vasopresina se considera una parte importante del circuito emocional.

El sistema de recompensa del cerebro es una compleja red neuronal que nos permite sentir emociones positivas ante determinados estímulos como el *like* o los seguidores. También conocido como “circuito de los gustos”, el sistema de recompensa es clave en la motivación y, a veces, en el comportamiento adictivo. Situado en parte en la parte posterior del cerebro, el circuito de los gustos se compone de distintas regiones que ayudan a formar nuestras recompensas y a experimentar placer.

La dopamina es una sustancia química concreta del sistema de recompensa que se libera cuando una persona experimenta emociones placenteras. De hecho, la dopamina es el principal neuroquímico en juego cuando se trata del amor romántico. Esta hormona se libera en el hipocampo y llega a su punto más álgido cuando una persona está enamorada.

El circuito antirrecompensa también es un concepto muy importante en neurofisiología. Consiste en un conjunto de mecanismos del cerebro que vinculan situaciones específicas con sensaciones placenteras. También funciona como un sistema de freno cuando se trata de buscar recompensa y tener demasiada. El sistema antirrecompensa empieza en el hipotálamo, que está conectado con ciertos mecanismos básicos de supervivencia, y luego asciende hacia el sistema límbico, que también se ocupa del hambre, las emociones y la sexualidad.

El sistema de recompensa del cerebro media con cualquier proceso en el que experimentemos motivación. No sólo está relacionado con el comportamiento adictivo, también es una de las vías clave para proporcionar placer y bienestar. Permite que nos mantengamos comprometidos con un sentido del pragmatismo para sobrevivir y elegir distintas opciones de acción en lugar de tener un comportamiento respaldado por nuestros genes.

El sistema de recompensa del cerebro es esencial para los mamíferos, ya que actúa como motivador para la ejecución de determinadas actividades y comportamientos socialmente aceptados. El circuito de los gustos incluye estímulos naturales, artificiales (como las drogas y el alcohol) y comportamientos (como el juego, la adicción a internet, las compras compulsivas y el sexo).

Cuando se trata de cómo afectan nuestras emociones al sistema de recompensa, existe una interesante correlación entre determinados genes y diversos comportamientos. En los humanos, los genes mutados son responsables de algunos comportamientos aberrantes y afectan el modo en que una persona experimenta la sexualidad. Teniendo en cuenta estas ideas, la hormona vasopresina, el circuito de los gustos y el sistema de recompensa se unen para proporcionar el ejemplo perfecto de cómo reacciona el cuerpo ante diferentes estímulos y cómo los sentimientos y acciones se conectan de formas que pueden ir más allá desde el punto de vista neurológico.

Comprendiendo la fisiología de las emociones y las diferentes hormonas implicadas en nuestro comportamiento, entendemos mejor las diferentes motivaciones, implicaciones y potencial de las relaciones y el placer. El amor, la lujuria y el afecto siempre se han asociado al sistema de recompensa, por lo que comprender sus vías y motivaciones clave puede ayudarnos a entender cómo actuamos y cómo reacciona nuestro cuerpo. Como siempre, el equilibrio es clave para mejorar el comportamiento, las emociones y las hormonas.

Al final todos estamos expuestos a buscar *likes* y seguidores. Mucha gente considera que los *likes* justifican el medio. Hay personas que sueñen con ser influencers famosos y harían lo que fuera por lograrlo, incluso hay algunos que son antiinfluencers porque viven del *dislike*, su negocio es generar polémica a través del desagrado o de la indignación (esa ira moralizada muy doble e hipócrita).

El *hater*

Las redes sociales son una herramienta extraordinaria pero también muy destructiva. Al revolucionar los hábitos, trajeron las *fake news* (noticias falsas), el *ciberbullying* (ciberacoso) y los *haters* (odiadores).

Quizá, las redes sociales son el espacio más democrático que existe porque todos los que comentan tienen el mismo peso e importancia. De hecho, en ellas surgió la palabra *hater*. Esas personas son "odiadores" que en lugar de voz tienen un teclado, personas que el anonimato las llena de poder en una vida virtual, pero no real. Son voces sin cuerpo...

El problema es que tu cerebro no distingue entre el insulto cara a cara y el insulto a través de la pantalla computadora. Tu cerebro se siente amenazado de ambas formas.

El *hater* ha existido desde siempre. Por ejemplo, en la época de la Inquisición se necesitaba sentir odio o regocijo para castigar a ese alguien que la mente de la tribu consideraba culpable.

Sara García Antúnez, abogada de la plataforma Stop Haters, explica que hay un patrón común de comportamiento para hostigar a alguien, por ejemplo, basarse en las características físicas, en el género, en la ideología o en la religión. El acoso empieza con un comentario, pero se convierte en una constante que se transforma en amenaza y, después, en agresión física.

En la mayoría de los casos, el *hater* siente envidia. Atacar a otros es una forma de desahogar su frustración y sensación de aislamiento.

No se puede regular la aparición de este fenómeno en redes sociales. Es decir, no podemos pedir que todos los comentarios sean positivos, pero es una realidad que los odiadores profesionales de las redes sociales son personas que quieren llamar la atención, no importa que sea en el anonimato. De hecho, el que nunca vean su cara es quizá la única manera de ser un poco más visibles. En definitiva, hay un perfil que tiene que ver con la inseguridad y con el narcisismo: la inseguridad porque se esconden en el anonimato y el narcisismo porque, de alguna forma, se sienten grandilocuentes. En otras palabras, es la única forma en que esa persona se siente importante.

Grafología del *hater*

Hace muchos años hubo un caso muy famoso a nivel mundial que se tituló: "El dingo se comió a mi bebé."

La fama de la fauna australiana es especial y única. En agosto de 1980, Azaria Chamberlain, un bebé de nueve semanas, desapareció de la tienda de campaña que su familia había plantado en el parque nacional de Australia. La mamá y el hermano del bebé dijeron que se lo había llevado un dingo. Resulta que cuando los dingos están hambrientos buscan y cazan animales pequeños como ratones y, en este caso, un bebé. La señora Chamberlain vivió 32 años de persecución política debido a que no le querían hacer mala fama al dingo (por intereses económicos y turísticos).

Esta mujer fue juzgada porque su lenguaje corporal no correspondía al dolor esperado ante la pérdida de un hijo. En la actualidad, sabemos que cada persona reacciona diferente y que, incluso el no demostrar dolor, no quiere decir no sentirlo.

La sociedad dio su veredicto, la señora Chamberlain fue sentenciada a tres años y fue la mujer más odiada de Australia. En aquel tiempo no había *haters* como ahora, es decir, no eran a través de las redes sociales. Pero todos los días Lindy y Michael Chamberlain recibía cartas donde las personas les decían cosas espantosas acerca de ellos y de la muerte de su bebé.

En un documental de HBO acerca de Lindy Chamberlain, las cartas se exhibieron y observé características muy interesantes.

La escritura de las cartas de apoyo demostraba mayor escolaridad debido a los trazos, a una objetividad más evidente y a una proporción en la relación de mayúsculas y minúsculas.

En cambio, en las personas que mandaban las cartas de odio, la escritura era mucho más inmadura, incluso parecía de una escolaridad menor. Esto quiere decir que, de alguna forma, mientras menos maduros somos, mayor y mejor disposición de odiar tenemos.

CAPÍTULO 19
Lenguaje corporal

Cómo generar una mala impresión

Por lo general, nos enfocamos en cómo generar una buena impresión, pero eso nos quita autenticidad. Por ejemplo, cuando un movimiento está muy estudiado pierde la espontaneidad y no logra conectar.

De la misma forma, cuando una persona cae mal con su lenguaje corporal es importante saber la razón. Para ello, veremos algunos rasgos clave que te ayudarán a evitar una mala impresión:

- No entres en una habitación gritando o de forma muy dramatizada porque pones a las personas en un estado de alerta.
- Trata de sonreír de forma auténtica. La sonrisa sincera es con los ojos, mientras que la falsa es con los labios, así que, para que sea auténtica, trata de pensar en un recuerdo feliz o que te haya hecho reír.

- No invadas la distancia íntima de nadie. En mi libro *Analízate* hay una gráfica donde viene la distancia personal y la distancia íntima saludable dentro de la zona social. Cuando una persona se siente invadida o la tocas sin su consentimiento, el impacto es negativo.
- Los brazos en forma de jarra (como en forma de triángulo por decirlo de forma coloquial) demuestran que estás a la defensiva y limitan la comunicación. Hay que tomar en cuenta la personalidad y la cultura, pero en general, queda claro que se puede más con miel que con hiel.
- Está demostrado que si algo cae mal dentro de una conversación... es presumir. Las personas presumidas no son bienvenidas en ningún lado.
- Hay dos colores que no debes usar en una primera impresión: el verde y el gris. El verde se asocia a "no te quiero ver" y el gris a "no existes". Un estudio donde las personas escogen un producto en segundos, reveló que 62-90% de la selección se basa en el azul. El color favorito de la mayoría de la gente es el azul claro. Por cierto, no te asustes con el verde, es un color que también les gusta a muchas personas porque significa natural, ecológico, regreso al origen (sólo no lo uses en tu primera impresión).
- Pon atención a tu interlocutor, a esto se les conoce como gestos reguladores. Trata de estar al pendiente de lo que dice la otra persona con el fin de conectar de verdad con ella. Aprende a interesarte en lo que te está diciendo el de enfrente. Y por favor, deja el celular a un lado.
- Confía en ti. Quizá esta es la receta más complicada. Concéntrate ti y confía en ti. La única manera es olvidarte del lenguaje corporal y estar bien de forma emocional para

poderlo transmitir. Por eso cuando los políticos, actores y gente del medio pide disculpas en redes sociales no son creíbles: porque no están bien de forma emocional.

- La voz es muy importante. Modula el tono de voz cuando entres a una habitación. Un tono de voz suave genera confianza, pero no lo hagas demasiado suave y agudo porque (muy a mi pesar debido a mi tono de voz) las voces chillonas no le gustan a todo el mundo. En general, a los hombres les parecen atractivas las voces agudas y a las mujeres las graves. De hecho, existe algo que se llama simpatía vocal.

La voz de Margaret Thatcher

La "dama de hierro" luchó con su voz durante mucho tiempo hasta que le enseñaron a bajar su tono vocal de forma natural con la respiración. A Thatcher sus compañeros políticos la ignoraban. Pero con el tiempo logró comunicar calidez con su voz.

El tema de la voz es una lucha frecuente porque todos, cuando queremos ser escuchados, subimos el volumen. Pero hablar más alto exige más aire, por lo tanto, nuestra voz se vuelve más áspera y estridente. Vanessa Van Edwards lo explica muy bien en su libro *Pequeños gestos, gran impacto. Domina el lenguaje secreto de la comunicación carismática.*

Cómo llegar al fondo de la verdad

Es un hecho conocido que la comunicación no verbal detalla gran parte de lo que ocultamos en nuestros corazones. Esto se aplica en especial a las mentiras, ya que, incluso si los labios hacen afirmaciones falsas, el cuerpo no oculta la verdad.

El famoso error de Otelo, de Shakespeare, que explicaré más adelante, es uno de los mejores ejemplos de cómo una persona puede ser derrotada por su credulidad carente de respaldo científico. El lenguaje corporal es una parte muy importante de cualquier método de detección de mentiras, pero para comprender mejor cómo detectar estas señales es útil conocer algunos fundamentos de la neurociencia.

En 2003, el neurocientífico Daniel Langleben llevó a cabo un famoso estudio sobre mentiras. Mostró que los sujetos que asentían de forma honesta presentaban menos actividad en la corteza prefrontal izquierda y el complejo temporal medial, que quienes mentían.

Esto ocurre porque decir la verdad requiere menos energía cognitiva para que el cerebro la procese. En cambio, mentir implica ser consciente de lo que dices, de lo que significa para el resto de tus acciones y de la forma en la que mueves el cuerpo (todo al mismo tiempo). Por eso las mentiras aumentan la tensión cognitiva en el cerebro.

Langleben también descubrió que, cuando los sujetos mentían, había un reflejo inconsciente en su lenguaje corporal. Por ejemplo, se movían menos y evitaban el contacto visual. Esto se debía al hecho de estar preocupados por ser descubiertos.

Chantal Crenn, quien tiene un máster en Neurociencia cognitiva y está cursando un doctorado en ciencias, dice que la detección de mentiras por medio del lenguaje corporal es más popular que la detección verbal, porque la gente cree que los mentirosos pueden controlar lo que dicen, pero no su cuerpo y su lenguaje no verbal.

Técnicas de detección de mentiras a través del lenguaje corporal

Cuando se trata de comprender cómo leer el lenguaje corporal para detectar mentiras, la ciencia nos ha proporcionado algunos principios básicos.

La primera consiste en prestar atención a microexpresiones faciales. A menudo, los mentirosos tendrán una expresión facial que no resultará familiar para ti. Por ejemplo, algunas personas se ruborizan, otras ensanchan un poco las fosas nasales, se muerden los labios, sudan más o tienen la boca torcida de alguna forma.

Además, todas las mentiras generan una reacción psicofisiológica, como aceleración del ritmo cardíaco y la respiración. Esto se traduce en una mezcla de señales, incluso conductas autonormativas, como tocarse la nariz o pellizcarse el labio superior. También puedes ver desviaciones bruscas y/o incongruencias en la comunicación verbal y no verbal.

Por último, los mentirosos miran de forma rápida a los lados cuando responden algo; puede ser un reflejo inconsciente de su preocupación por no ser descubiertos. Si se presenta una combinación de estos signos, casi siempre es una señal de que alguien no está siendo honesto.

Ahora que conoces los principios básicos de la neurociencia detrás de la detección de mentiras, será cada vez más difícil que alguien te engañe. Si después de ahondar en los fundamentos quieres incrementar tu habilidad para detectar mentiras, debes profundizar en diferentes métodos y técnicas. Por ejemplo, aprender cómo interpretar el lenguaje corporal de forma precisa, cómo llevar a cabo el interrogatorio de manera correcta, cómo usar el polígrafo al mejor nivel posible y cómo tomar en cuenta factores como la grafología.

Con la práctica, todas estas habilidades pueden convertirse en una verdadera herramienta para identificar cuando alguien te engaña. Es como el refrán: "El conocimiento es poder." Usar el lenguaje corporal y los elementos anteriores aumentará tus posibilidades de éxito.

El poder de tener un detector personal de mentiras

Si consigues identificar las señales de la mentira, serás capaz de detectar cuándo alguien te está engañando y evitar caer en la trampa, al igual que el error de Otelo. Éste se presenta cuando no te das cuenta de que alguien veraz presenta el aspecto de una persona mentirosa porque está bajo mucha presión. Es importante recordar que el truco no es encerrarte en el estereotipo de que el parpadeo o respirar de forma agitada significan que alguien está mintiendo. Esta idea se alimenta solo por la ficción y, la mayoría de las veces, no se corresponde con la realidad.

En cambio, si pones atención a las actitudes, movimientos y expresiones faciales será mucho más fácil detectar mentiras. El lenguaje corporal es útil, pero, si consigues articular las señales, descubres un puente entre lo que de verdad está pasando y lo que otras personas te están diciendo.

Por lo general, los gestos de autocensura vienen cuando no estamos conformes con lo que escuchamos. Llevarse las manos a la boca, paralizar cierta parte del cuerpo o taparse las orejas por segundos se conocen como microexpresiones porque duran menos de cinco segundos.

Lo más importante para detectar una mentira es buscar la congruencia entre lo que se dice con palabras y lo que se refleja con las manos, el cuerpo, la mirada y los gestos. Por ejemplo, no te puedo decir que no me importas y estoy muy feliz... haciendo una mueca de tristeza.

Grafología de la persona mentirosa

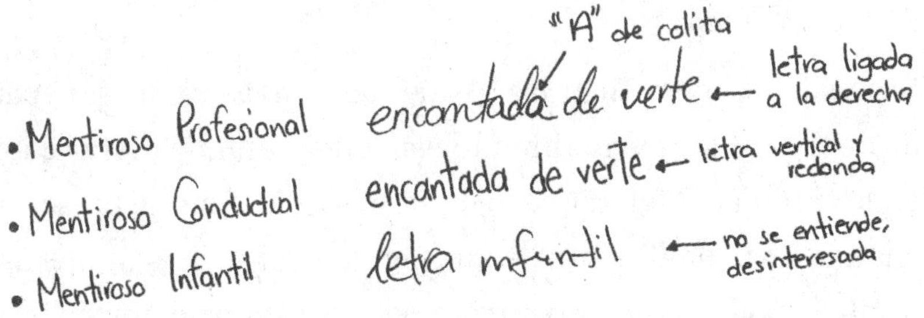

Lenguaje corporal de la persona mentirosa

Las personas creen que mirar hacia abajo es un ejemplo de mentir. En realidad, mirar hacia abajo es el gesto más primitivo de la mentira y tiene que ver con los niños porque sienten vergüenza.

Conforme vas evolucionando, la mentira también evoluciona. Es decir, perfeccionamos la capacidad de mentir. Por lo tanto, cuando los adultos mienten, por lo general están más atentos a la mirada de quien los ve. Así que mirar hacia abajo se vuelve sinónimo de vergüenza, no de mentira.

Una característica de la persona mentirosa es contestar con muletillas. Siempre lo menciono: "Pregunta concreta, respuesta concreta." Si hay titubeos hay duda y, si hay duda, de seguro te están mintiendo.

Nada garantiza la mentira o la verdad, pero hay probabilidades muy altas de que, observando con atención y quitándonos los sesgos de pasión o animadversión, nos acerquemos más a la verdad.

EPÍLOGO

La maldad en México

La palabra viene del latín *malitas* y la Real Academia de la Lengua le tiene dos acepciones: "cualidad de malo" y "acción mala e injusta". Así, la maldad que el ejercicio periodístico reporta son actos, acciones y decisiones malas e injustas para la sociedad.

En los últimos años hemos sido testigos de actos malditos que pusieron a prueba a la gran comunidad, a veces, con extrañas reacciones que no reflejaron acciones para contrarrestar los efectos negativos de esos hechos que nos dañaron y que contribuyeron al país que hoy somos. A continuación, Fernando Coca, reportero y periodista mexicano, nos ofrece un repaso sobre la maldad, sobre lo que reporta el periodismo de nuestro país.

Remontémonos al 23 de marzo de 1994. El asesinato del candidato presidencial Luis Donaldo Colosio colapsó el sistema político. El crimen, un hecho de maldad en el sentido estricto, le cegó la vida a una persona y destruyó un proyecto de nación (no sabemos si era bueno o malo) que cambió el esquema social de nuestro país.

El gobierno que se instauró luego del magnicidio profundizó la política neoliberal que, si bien contribuyó al crecimiento económico de los grandes capitales, fomentó la desigualdad social, algo malo, sin duda alguna.

Entre el 22 y 23 de agosto de 2010 en San Fernando, Tamaulipas, se registró una masacre en contra de 58 hombres y 14 mujeres, 72 personas en total, cometido por el grupo delictivo Los Zetas. Las víctimas eran migrantes que cruzaron México para llegar a Estados Unidos en busca del "sueño americano", pero encontraron la muerte a manos de un cartel del crimen organizado.

La maldad cometida en contra de ellos fue mayúscula.

Hay otros actos que podríamos reseñar aquí como el asesinato de José Francisco Ruiz Massieu, también en 1994; las explosiones de ductos e instalaciones de PEMEX (el 22 de abril de 1992 en Guadalajara, Jalisco, y el 19 de noviembre de 1994 en San Juanico, Tlalnepantla); los actos criminales como el ocurrido en Allende, Chihuahua, registrado en octubre de 2011 donde desaparecieron alrededor de 400 personas…

En el periodismo mexicano, la palabra maldad o malo está erradicada en aras de la "objetividad" de la información. Muchas de las acciones aquí señaladas fueron determinantes para cambiar el rumbo de la historia, sea colectiva o personal, pero siempre tuvieron un componente de "maldad" al momento de cometerse sea por intereses políticos, económicos, personales o de grupo.

Los hechos ahí están, las condiciones en los que se cometieron las conocemos, pero a veces evitamos conectar algunos aspectos para no darles esa acepción de maldad a lo que vivimos porque, de alguna forma nos hicimos cómplices pasivos de esas acciones.

La sociedad mexicana no manifiesta abiertamente su indignación, su rechazo ni su inconformidad con hechos que lesionan la convivencia. Aún estamos viendo, como dijera el poeta, cómo se llevan al vecino, al conocido o al extraño y no hemos reparado en que, cuando nos lleven a nosotros, nadie estará ahí para reclamar nuestra integridad. Somos malos, no de maldad sino de nocivo, indispuesto, postrado o inservibles para defender nuestros derechos… permitimos lo malo, la maldad, en hechos perversos, malignos, viles, canallas, crueles y execrables.

Grafología de un asesino mexicano

En 2023, el caso de Mario Aburto volvió a la conversación pública (la opinión pública es la piel social). Cuando este hombre (se asegura que fue él, aunque hay quienes aún lo dudan) asesinó a Colosio yo era muy pequeña, tenía tres o cuatro años, pero recuerdo muy bien escuchar a mi familia diciendo con mucha seriedad que esto cambiaría la vida nacional.

Dentro de las pruebas periciales ofrecidas y desahogadas durante el proceso, están unos dibujos y cartas atribuidas al puño y letra de Mario Aburto. Laura Sánchez Ley hace una investigación exhaustiva con un prólogo de Julio Astillero acerca de este tema. Yo me quiero centrar sólo en un dibujo. Según la autoridad, representa los aires de grandeza que tenía Mario Aburto, pero me parece qué podría ser debatible. El dibujo puedes encontrarlo en internet y muestra a un joven con un puño en alto, envuelto con la bandera de México.

Por un lado, el cuerpo es más grande que la cabeza lo cual refleja una persona impulsiva e instintiva, pero dada la edad de Mario Aburto la mayoría de los hombres harían dibujos con estas características. Por otro lado, llama la atención que el cuerpo tiene mayor presión que la cabeza, por lo tanto, le da más importancia a la fuerza física que al aspecto espiritual o intelectual.

A pesar de dejar claro que sí es una persona con rasgos obsesivos, el dibujo no me parece que corresponda a alguien con aires de grandeza, sino a una persona con complejo de inferioridad, ya que la escritura y las manos son demasiado pequeñas, lo cual habla de una dificultad para comunicarse.

De acuerdo con la evidencia grafológica que tenemos, en las páginas de Mario Aburto hay empastes de tinta y una escritura por completo a la izquierda. No resulta extraño que este hombre aún no supere el pasado. Por último, vemos una letra ancha y aplastada que, una vez más, es el reflejo de un yo disminuido.

El lado oscuro

Escribí *El lado oscuro de la mente humana* porque me traicionaron, lastimaron y me abrieron los ojos a una realidad que no conocía de primera mano.

Quizá nunca me había enfrentado al mundo real. No digo que toda mi vida hubiera sido perfecta, pero me gustaba confiar en la gente a pesar de mi profesión, a pesar de las cosas que veía cada día. Quería creer que en todas las personas había algo bueno, valioso y rescatable. Pero a principios de 2023, me di cuenta del error que cometía al pensar que la gente actuaba de buena fe. Ahora sé que hay gente muy mala en el mundo.

Entonces ocurrió algo muy interesante. Al entender y aceptar la existencia de la gente mala, valoré a la gente bondadosa que siempre ha estado cerca de mí. Me di cuenta de que la vida había sido muy buena conmigo.

Tenía veinte años cuando llegué a Televisa. En realidad, pasé de leer y hornear galletas en mi casa al mundo real de la televisión. Ser una figura pública te hace librar otro tipo de batallas, claro, tiene cosas buenas y otras muy incómodas. Las personas se hacen una idea de ti y, así como un día conocí la maldad, la grosería y la traición… ese mismo día conocí el valor de la amistad.

Todas esas experiencias le dieron un vuelco a mi concepción del mundo, me hicieron crecer como ser humano y comprender el valor del auto respeto. Ahora estoy más consciente de la importancia de marcar límites. Aprendí a no confiar de manera ciega porque no todas las personas son como esperas.

Al final del día, cuando te quieren hacer un mal terminan haciéndote un bien, es decir, tomas decisiones que te hacen más fuerte, más libre, incluso, con el tiempo, más sabia.

No es lo que te pasa... sino qué haces con lo que te pasa.

AGRADECIMIENTOS

Gracias a las personas que me cuidaron desde que nací: a mi maravillosa mamá, a mi extraordinario papá, a mi abuelita "mamá Carmelita" y a mis abuelitos Alfonso y María.

Carlos, sabes que la vida me cambió cuando te conocí. Dejé de soñar con libros y poemas porque dentro de mí no hay mejor poema que tus ojos. Te amo.

Gracias a *Hoy* y a todos mis colegas.

Gracias a mi adorada Carla Estrada, quién me ha cuidado, guiado y regañado. Gracias a mis amigas y amigos; a Fernando Coca, Gilberto Barrera y Gustavo Adolfo Infante, quien salió a defenderme.

Gracias a Andrea Rodríguez Doria; a Toño, Angie y Ana: ustedes saben lo que representan en mi vida. Yorki, sé que estás en el cielo y te recuerdo siempre con amor. Gracias Martina, tu existencia me enseñó cómo volver a vivir. Gracias Choco, Dona y Pastor: por escogernos.

A mi casa editorial y familia: David García, Andrea Salcedo y César Ramos, y al gran Mario Ávila, por su confianza.

Gracias a la gente buena en redes sociales qué decían #teammaryfer y a todos esos rostros que no conozco, pero sé que tienen alma. Gracias por estar conmigo y apoyarme. Gracias a todos mis seguidores por no dejarme sola.

Gracias por estar aquí.

REFERENCIAS

Tobeña, Adolf (2017) *Neurología de la maldad: Mentes predadoras y perversas*. Plataforma Editorial.

Arendt H (1993). *La Condición Humana*. Editorial Paidós, Barcelona; Arendt H (1984). *La Vida del Espíritu*. Centro de Estudios Constitucionales, Madrid; y Arendt H (1995). *Comprensión y Política. In: De la Historia a la Acción*. Editorial Paidós, Barcelona.

Hay un estudio publicado en Martínez, Yaiza. "Neurociencia y el origen cerebral del mal: nuevas claves", *TENDENCIAS21* (levante-emv.com). Recuperado el 28 de junio de 2023, de https://tendencias21.levante-emv.com/neurociencia-y-el-origen-cerebral-del-mal-nuevas-claves_a34705.html

Esta información es pública y la puedes encontrar completa en "Este es el 'lado oscuro' del cerebro donde se original el mal", *Pijamasurf*. Recuperado el 30 de junio de 2023, de https://pijamasurf.com/2013/02/este-es-el-lado-oscuro-del-cerebro-donde-se-original-el-mal/#:~:text=Gerhard%20Roth%2C%20conocido%20neurocient%C3%ADfico%20alem%C3%A1n%2C%20asegura%20haber%20encontrado,zona%20oscura%20que%20comparten%20asesinos%2C%20violadores%20y%20ladrones.

Feggy Ostrosky.

Triglia, Adrián. "Las 5 principales tecnologías para el estudio del cerebro", *Psicología y mente*. Recuperado el 3 de julio de

2023, de https://psicologiaymente.com/neurociencias/tecnologias-estudio-cerebro

Isabelle Ouellet-Morin, Sylvana M. Côté, Frank Vitaro, Martine Hébert, René ´Carbonneau, Eric Lacourse, Gustavo Turecki y Richard E. Tremblay. "Effects of the MAOA gene and levels of exposure to violence on antisocial outcomes", *The British Journal of Psychiatry* (2015). DOI: 10.1192/bjp.bp.114.162081. Recuperado el 28 de junio de 2023, de https://pubmed.ncbi.nlm.nih.gov/26494873/

Jesus Pujol, Ben J. Harrison, Oren Contreras-Rodriguez y Narcis Cardoner. "The contribution of brain imaging to the understanding of psychopathy" *Psychological Medicine*. Cambridge University Press, 12 de septiembre de 2018. Recuperado el 3 de julio de 2023, de https://www.cambridge.org/core/journals/psychological-medicine/article/abs/contribution-of-brain-imaging-to-the-understanding-of-psychopathy/9838ADEE28AA45347BD8EF7F40CE7E6F

John Douglas en el programa "Outlook", del Servicio Mundial de la BBC.

En 1993, la periodista Nancy Glass entrevistó a Jeffrey Dahmer, "el Caníbal de Milwaukee".

Recuperado el 30 de junio de 2023, de https://www.britannica.com/biography/Jeffrey-Dahmer

Recuperado el 6 de julio de 2023, de https://es.wikipedia.org/wiki/Narcisismo_(psicoan%C3%A1lisis)#:~:text=%E2%80%8B%20En%20la%20definici%C3%B3n%20de,Narciso%20de%20la%20mitolog%C3%ADa%20griega.

Juan Pérez de Moya, “Philosophia secreta”. Recuperado el 3 de julio de 2023, de https://www.temasdepsicoanalisis.org/2014/07/18/el-narcisismo-relacional-de-freud/

Gracias a mi admirada Adriana Ortiz Barraza, psicoanalista y escritora, por su artículo “Narcisismo: una revisión desde el psicoanálisis.”

PSISE Psicólogos Infantiles Madrid. Centro de Psicología Madrid. Recuperado el 28 de junio de 2023, de https://psisemadrid.org/trastorno-de-personalidad-narcisista/

Carrillo Esper, Raúl; Garnica Escamilla, Marco Antonio; Rocha Rodríguez, María Guadalupe, y Carrillo Córdova, Carlos Alberto. (2011). “Síndrome serotoninérgico”, *Revista de la Facultad de Medicina (México)*, *54*(2), 46-53. Recuperado el 30 de junio de 2023, de http://www.scielo.org.mx/scielo.php?script=sci_arttext&pid=S0026-17422011000200007&lng=es&tlng=es. También Chávez- León, Enrique; Ontiveros Uribe, Martha Patricia y Serrano Gómez, Carlos. (2008). “Los antidepresivos inhibidores selectivos de recaptura de serotonina (ISRS, ISR-5HT)”, *Salud mental*, *31*(4), 307-319. Recuperado el 3 de julio de 2023, de http://www.scielo.org.mx/scielo.php?script=sci_arttext&pid=S0185-33252008000400008&lng=es&tlng=es.

Scott Litin, M.D., editor-in-chief of *Mayo Clinic Family Health Book, Fifth Edition.* “Trastornos de ansiedad” en Mayo clinic. Recuperado el 6 de julio de 2023, de https://www.mayoclinic.org/es/diseases-conditions/anxiety/symptoms-causes/syc-20350961

Wolynn, Mark. (2017) *Este dolor no es mío. Identifica y resuelve los traumas familiares heredados.* Océano.

Orihuela, Anamar. *Transforma las heridas de tu infancia*. Debolsillo.

Anamar Orihuela elaboró el Instrumento DHE, un test súper interesante que puedes responder en el siguiente enlace:

https://academiaanamarorihuela.com/instrumento-dhe/

La sección de La Mataviejitas la realicé con la colaboración de mi amigo Efrén Esqueda, admirado comunicólogo y Tik Toker.

Canto Ortiz, Jesús M. y Cuevas Barranquero, José Miguel (2006) *Sectas: cómo funcionan, cómo son sus lideres, efectos destructivo s y cómo combatirlas,* Aljibe.

Mayor, E., Bietti, L.M. & Canales-Rodríguez, E.J. (2022) "Text as signal. A tutorial with case studies focusing on social media(Twitter)", *Behav Res*. Recuperado el 28 de junio de 2023, de https://doi.org/10.3758/s13428-022-01917-1 y https://socialsciences.nature.com/posts/42357-measuring-the-effects-of-expressing-your-feeling-on-social-media

Genre. Forms of Discourse and Culture. ISSN-e: 2160-0228. ISSN: 0016-6928. Estados Unidos. Recuperado el 30 de junio de 2023, de https://dialnet.unirioja.es/servlet/revista?codigo=20376

The American Journal of Geriatric Psychiatry. https://www.ajgponline.org/

"Measuring the effect of expressing your feelings on social media" Recuperado el 3 de julio de 2023, de https://socialsciences.nature.com/posts/42357-measuring-the-effects-of-expressing-your-feeling-on-social-media. También https://socialsciences.

nature.com/badges/569-nature-human-behaviour y https://www.nature.com/nathumbehav/

Neelam Raaj (2018) "In the news market, you're not the customer but the product: Yuval Noah Harari" *The times of India.* Recuperado el 6 de julio de 2023, de http://timesofindia.indiatimes.com/articleshow/65639339.cms?utm_source=contentofinterest&utm_medium=text&utm_campaign=cppst

Sheera Frenkel y Cecilia Kang (2021), *Manipulados: La batalla de Facebook por la dominación mundial.* Debate. En este libro Sheera Frenkel y Cecilia Kang, galardonadas periodistas del New York Times, nos ofrecen el impactante relato de la caída en desgracia del gigante de Silicon Valley.

En 2017 se informaron los ingresos de Facebook en concepto de publicidad.

https://www.stophaters.es/blog

Este tema de la sonrisa se trata más a fondo en mi libro *Analízate.*

Maryfer Centeno (2022). *Analízate.* Aguilar.

Van Edwards, Vanessa (2023). *Pequeños gestos, gran impacto. Domina el lenguaje secreto de la comunicación carismática.* Conecta.

Langleben, Daniel D.; Loughead, James W.; Bilker, Warren B.; Ruparel, Kosha; Childress, Anna Rose; Busch, Samantha I., y Gur, Ruben C. (2005) "Telling truth from lie in individual subjects with fast event related fMRI". *Human Brain Mapping.* Recuperado el 30 de junio de 2023, de https://pubmed.ncbi.nlm.nih.gov/16161128/

https://www.revistadelauniversidad.mx/articles/e360d596-ed9d-408f-a964-d0eaba0f09c4/un-pastel-para-mario-aburto